Gee Vero
beantwortet
Fragen zu Autismus in KiTa und Schule

Gee Vero beantwortet

Fragen zu Autismus in KiTa und Schule

Bibliografische Information der Deutschen Nationalbibliothek:
Die Deutsche Nationalbibliothek verzeichnet diese
Publikation in der Deutschen Nationalbibliografie;
detaillierte bibliografische Daten sind im Internet
über http://dnb.dnb.de abrufbar.
Die automatisierte Analyse des Werkes, um daraus
Informationen insbesondere über Muster, Trends und
Korrelationen gemäß §44b UrhG („Text und Data Mining")
zu gewinnen, ist untersagt.

Umschlagbild: Gee Vero
Herstellung und Verlag: BoD – Books on Demand, Norderstedt

ISBN: 978-3-7583-3166-4

Für alle die,
die sich jeden Tag bemühen,
autistischen Menschen
gute Mitmenschen zu sein.

Vorwort

Auf jeder meiner Veranstaltungen bitte ich meine Zuhörer :innen mir ihre dringendste Frage aufzuschreiben. Oft bleibt am Ende des Vortrages nicht ausreichend Zeit, um alle Fragen ausführlich zu beantworten. Anfangs habe ich versucht, die Fragen im Nachhinein per E-Mail zu beantworten, aber auch dafür fehlte bald die Zeit. Außerdem erreiche ich so immer nur den einen Menschen, der die Frage gestellt hat. Damit mehr Menschen von meinen Antworten auf die Fragen profitieren können, habe ich mich entschlossen, dieses Buch zu schreiben. Zusammen gekommen sind 40 Fragen und Antworten zu Autismus in KiTa und Schule. Es sind echte Fragen von echten Menschen.

Bei Autismus ist es fast unmöglich allgemein auf eine Frage zu antworten, da die Vielfalt der Menschen so unendlich groß ist. Ich habe es dennoch versucht, und hoffe, dass Ihnen das Buch hilft, ein tieferes Verständnis für autistische Kinder zu entwickeln und ihnen eine gute Begleitung durch KiTa und Schule sein können.

Das Buch gibt einen Einblick in die Verhaltensweisen autistischer Kinder und zeigt anhand von zahlreichen Strategien auf, wie der KiTa- und Schulalltag mit autistischen Kindern gelingen kann. Mithilfe vieler persönlichen Geschichten aus meinem Leben mit Asperger Autismus, aber auch an Beispielen meines Sohnes Elijah, der frühkindlicher Autist ist, erkläre ich anschaulich, was Autismus sowohl für uns selbst als auch für unsere Umgebung bedeutet.

Das Buch ist für alle diejenigen interessant, die autistische Kinder in KiTas und Schulen betreuen und unterrichten (werden).

Ich bedanke mich für Ihr Vertrauen in meine Arbeit und wünsche Ihnen viel Erfolg für die Ihre.

Gee Vero im Februar 2024

Inhaltsverzeichnis

Kapitel 7   5 Fragen zu Unterstützung und Hilfen

Kapitel 8   5 Fragen zu Kommunikation

Kapitel 1   5 Fragen zu Autismus

„Alle Menschen haben Sterne, aber sie sind für verschiedene Menschen nicht dasselbe. Für einige, die Reisende sind, sind die Sterne Führer. Für andere sind sie nicht mehr als kleine Lichter am Himmel. Für andere, die Gelehrte sind, sind sie Probleme ... Aber all diese Sterne schweigen.*“*

Der Kleine Prinz

Was ist Autismus?

Kurzantwort: Autismus ist eine Reaktion auf eine andere, verzerrte Wahrnehmung ein und derselben der Welt.

Lange Antwort: Wir haben alle eine ganz eigene Wahrnehmung von dem, was um uns herum geschieht. Nur auf diese Wahrnehmung können wir reagieren. Wie sehr sich die Wahrnehmungen autistischer Menschen von denen nicht-autistischer Menschen unterscheiden, können wir nur am Verhalten autistischer Menschen erkennen. Es ist ein für die Umgebung fast immer unerwartetes und oftmals sozial-inadäquates Verhalten. Autismus ist als eine Reaktion auf eine verzerrte Wahrnehmung zu verstehen. Die Wahrnehmungsverzerrungen können sehr unterschiedliche Ursachen haben und sind sowohl eine Erklärung für das breite Autismus Spektrum als auch für das Spektrum Mensch, auf dem wir uns alle befinden. Autismus ist eine Strategie, um ganz unterschiedliche Dinge zu kompensieren. Autismus dient dazu, in einer Welt zu überleben, die sich ganz anders präsentiert, als sie es ist. Aufgrund der Vielfalt der Ursachen, die autistisches Verhalten hervorrufen können, entsteht auch eine Vielfalt an *Autismen*.

> Merke: Ein autistischer Mensch gleicht ebenso wenig einem anderen autistischen Menschen, wie ein Mensch einem anderen Menschen gleicht. Es gilt jedem Menschen neu zu begegnen.

Es gibt ca. 69 Millionen autistische Menschen auf der Welt und jeder Autismus ist anders. Autismus ist individuell, weil Mensch sein individuell ist. Autismus ist keine Störung oder falsches Sein, sondern ein extremes Mensch sein.

Ein autistischer Mensch muss sein Leben ohne Ich-Maske, als ungeschütztes Selbst, meistern. Dies erschwert sowohl die Begegnung als auch die Kommunikation mit den Mitmenschen. Hinzu kommt, dass das Gegenüber den Autismus nicht sehen kann. Autismus ist eine unsichtbare Behinderung, deren Konsequenzen jedoch nicht lange unbemerkt bleiben. Frühkindliche Autist: innen fallen besonders schnell auf. Das bedeutet aber nicht, dass die Gesellschaft die Verhaltensweisen auf Autismus zurückführt, auch nicht, dass es zu einer Akzeptanz von Autismus kommt. Vielmehr führen Unwissenheit und Interpretationen immer noch schnell zu Ablehnung und Ausgrenzung autistischer Menschen. Besonders Autist: innen, die wenig oder keine Kompensationsstrategien haben, wie mein Sohn Elijah, sind davon betroffen. Es ist wichtig, die Ursache der autistischen Reaktion zu finden, damit Hilfe, Unterstützung und therapeutische Ansätze genau dort ansetzen können.

Der nächste wichtige Schritt ist es, an der Wahrnehmungsverzerrung zu arbeiten. Verändert man die Wahrnehmung, verändert sich automatisch die Reaktion, sprich das Verhalten. Es ist hauptsächlich das Verhalten autistischer Menschen, welches die sozialen Interaktionen und die Kommunikation zwischen autistischen und nicht-autistischen Menschen erschwert. Oftmals so sehr, dass beide Seiten frustriert aufgeben und sich zurückziehen, anstatt Brücken zu bauen, sich zu begegnen und kennenzulernen. Kann dieses Kennenlernen jedoch stattfinden, stellen alle Beteiligten überrascht fest, dass sie mehr gemeinsam haben als erwartet.

Merke: Jeder Mensch ist einzigartig. Egal, ob autistisch oder nicht.

Wie finde ich Zugang zu einem autistischen Kind?

Kurzantwort: indem Sie sich auf das Kind einlassen, es kennenlernen und ihm offen und ehrlich begegnen

Lange Antwort: Der Umgang mit autistischen Kindern wird Ihnen bewusst machen, dass Sie jedem Kind neu begegnen müssen. Sie können sich nicht darauf verlassen, dass das, was bei einem anderen autistischen Kind geklappt hat, auch beim nächsten genau so funktioniert. Es gibt kein Universalwerkzeug. Kann das Kind verständlich kommunizieren, egal, auf welche Weise, ist eine große Barriere überwunden. Ist es aber, wie mein Sohn, nonverbal und nicht in der Lage sich adäquat zu verständigen, wird es um einiges schwieriger. Hier müssen Sie sich auf die Aussagen der Eltern und anderer Bezugspersonen verlassen und das Kind gut beobachten. Bitte versuchen Sie, nicht zu interpretieren.

> Merke: Das, was das Kind nach außen tragen kann, muss nicht mit dem übereinstimmen, was es in sich trägt.

Nehmen Sie sich für dieses Kennenlernen ausreichend Zeit. Ich empfehle hierfür mindestens 6 Monate vor KiTa- oder Schulbeginn. Bereiten Sie das erste Treffen gewissenhaft vor. Dazu sollten Sie sich vorher mehrfach mit den Eltern oder Bezugspersonen treffen und intensiv austauschen.

Fragen, die Sie stellen sollten:

Was gilt es bei der Begegnung mit dem Kind zu beachten?
Wie nimmt das Kind Kontakt zu Fremden auf?
Sind Blickkontakt/direkte Ansprache okay für das Kind?
Wie kommuniziert das Kind?
Wie gut versteht es verbale Sprache?

Welche Vorlieben/Hobbys/Spezialinteressen hat es?
Welche Stärken hat es?
Was stresst das Kind?
Wie erkenne ich, dass das Kind gestresst ist?
Welche autistischen Verhaltensweisen zeigt das Kind?
Wodurch wird es eventuell getriggert?
Wie reguliert sich das Kind?
Hat es ein Stimming? Welches?
Welche Rückzugsorte braucht es? Wann?
Welche Strukturen/Routinen gibt es?
Was ist den Eltern/Bezugspersonen sonst noch wichtig?

Auf diese Weise können Sie sich vorab Tipps für den Umgang mit dem Kind holen und Ihre Fragen stellen. Besprechen Sie, wo und wie die erste Begegnung ablaufen muss, damit sich das Kind wohlfühlen und Vertrauen fassen kann. Sehen, schätzen und vor allem nutzen Sie die Eltern/Bezugspersonen als Expert: innen für das Kind.

Treffen Sie das Kind in einer vertrauten Umgebung, in der es sich sicher fühlt und Rückzugsmöglichkeiten hat. Halten Sie sich auf jeden Fall an die Absprachen, die Sie mit den Eltern/Bezugspersonen getroffen haben. Wir haben mit Elijah oft genug erlebt, dass gut gemeinte Gesten komplett nach hinten losgegangen sind. Bleiben Sie hinter der *„Absperrung"*. Diese Regeln gibt es nicht ohne Grund.

Elijahs Beispiel: Elijah kann Körperkontakt nur schwer ertragen, es sei denn, er geht von ihm selbst aus. Als eine Bekannte Elijah trotz unseres Hinweises, ihn bitte nicht zu berühren, spontan mit den Worten: „Von mir wird jeder gedrückt" in die Arme nahm, hatte das einen heftigen Meltdown zur Folge.

Autistische Menschen haben eine andere Geschwindigkeit. Verwechseln Sie eine langsame Entwicklung nicht mit Stillstand. Machen Sie kleine Schritte. Diese können eine große Wirkung haben.

Ein Kind muss nichts tun, um wertvoll zu sein, geliebt und akzeptiert zu werden.

Meine Tipps:

Schauen Sie genau hin.
Nehmen Sie jeden noch so kleinen Erfolg wahr.
Haben Sie Geduld.
Sehen Sie das Kind mit dem Herzen.
Zeigen Sie ihm, dass es gut ist, wie es ist.

Bauen Sie eine Brücke, in dem Sie auf die Interessen des Kindes eingehen. Suchen Sie nach Gemeinsamkeiten. Sie werden sie finden. Wenn Sie unsicher sind, fragen Sie nach. Das ist eine der besten Kompensationsstrategien, um fehlendes Wissen auszugleichen. Ob das Nachfragen in der Situation oder im Nachgang erfolgen sollte, müssen Sie selbst entscheiden.

Merke: Keiner ist perfekt und nur aus Fehlern lernen wir.

All die Energie, Zeit und Aufmerksamkeit, die Sie aufbringen, um mit dem autistischen Kind in Kontakt zu kommen, ist wertvoll und ein weiterer wichtiger Schritt in Richtung inklusive Bildung. Machen Sie sich immer wieder deutlich, dass es Fortschritte gibt. Sie können viel bewegen, indem Sie das Kind so annehmen wie es ist und versuchen, ihm Wege und Möglichkeiten aufzuzeigen. Auch wenn manches nicht sofort oder gar nicht gelingt, ist so dennoch eine Menge gewonnen.

Wie überwinde ich meine Unsicherheit im Umgang mit einem autistischen Kind?

Kurzantwort: indem Sie sich von den Eltern und Bezugspersonen ausreichend Informationen über das Kind, die Besonderheiten in der Begegnung und im Umgang mit dem Kind holen und sich an alle Hinweise und Ratschläge halten

Lange Antwort: Die Begegnung mit einem autistischen Kind ist immer ein Abenteuer. Es ist ganz natürlich, dass Sie sich unsicher fühlen. Das haben Sie mit dem Kind gemeinsam. Am besten überwinden Sie Ihre Unsicherheit, in dem Sie dem Kind in einer geschützten, ihm vertrauten Umgebung begegnen, bevor Sie beide in den komplexen und für alle anstrengenden Schulalltag eintauchen.

Elijahs Beispiel: Ich habe für meinem Sohn beim Neustart in KiTa, Schule und letztendlich in der Wohneinrichtung, vorab eine Art „Bedienungsanleitung" geschrieben. Darin enthalten war all das, was es in der Begegnung und im Miteinander mit Elijah zu beachten gilt. Für Fragen waren und sind wir immer offen.

Führen Sie Gespräche mit den Eltern und anderen Bezugspersonen. Kontaktieren Sie, wenn möglich, die vorherigen Bildungseinrichtung, wie KiTa, Grundschule etc. Der Austausch mit Menschen, die das Kind schon eine Weile begleitet haben, kann sich als sehr wertvoll erweisen und Ihnen viele Ihrer Fragen beantworten.

Merke: Es ist wichtig, dass Sie Ihre Unsicherheit ernst nehmen und aktiv etwas dagegen tun. Die meisten autistischen Kinder haben ganz feine Antennen. Sie spüren, ob es Ihnen wirklich gut geht. Sie merken, wenn Ihr Lächeln aufgesetzt ist. Es wird ihnen Angst machen, Ihre Unsicherheit zu spüren. Sie werden es nicht schaffen, einem autistischen Menschen Wohlbefinden und Sicherheit nur vorzutäuschen.

Schreiben Sie nicht nur die Fragen auf, sondern alle Bedenken und Ängste, die Sie haben. Besprechen Sie diese unbedingt offen und ehrlich mit allen Beteiligten. Autistische Kinder suchen immer und überall nach Sicherheit. Als Lehrer: in sind Sie eine wichtige Bezugsperson. Findet es bei Ihnen keine Sicherheit, sondern spürt, dass Sie unsicher sind und vielleicht sogar Angst haben, wird es sich von Ihnen zurückziehen, Sie eventuell komplett ablehnen. Da viele autistische Kinder dies nicht gut oder gar nicht adäquat kommunizieren können, drücken sie es oft nur über ihr Verhalten aus.

> Merke: Sie müssen Ihr Außen und Ihr Innen in Einklang bringen.

Das Außen ist recht einfach, denn Sie haben die entsprechende Maske dafür parat. Es ist das Innen, das wirklich harte Arbeit von Ihnen abverlangt. Seien Sie ehrlich sich selbst gegenüber. Nur so wird es klappen. Suchen Sie sich Hilfe, um Ihre Unsicherheiten zu bearbeiten. Nach Hilfe fragen, zeigt Stärke. In dem Sie sich ehrlich mit Ihrer Unsicherheit auseinandersetzen, helfen Sie nicht nur dem autistischen Kind, sondern vor allem sich selbst und allen Menschen, denen Sie begegnen.

Was tun, wenn ich habe Angst, das autistische Kind zu überfordern?

Kurzantwort: Schaffen Sie eine sichere Basis, in dem Sie sich mit dem Kind vertraut machen. Lernen Sie das Kind und seine Besonderheiten gut kennen, bevor Sie mit ihm zu arbeiten beginnen.

Lange Antwort: Zugegeben, es ist sehr schwer, einzuschätzen, wann ein autistisches Kind überfordert wird. Oft können sich die Kinder nicht adäquat mitteilen. Viele geben, trotz Sprachvermögens, selten oder gar keine Auskunft über ihre Befindlichkeiten und Bedürfnisse. Sie werden anders an die Sache herangehen müssen. Selbst bei sprechenden bzw. kommunizierenden autistischen Kindern müssen Sie genau beobachten, wie die Kinder in den einzelnen Situationen reagieren. Aber interpretieren Sie nicht. Auf Fragen antworten autistische Kinder oft nicht verlässlich. Die eigenen Bedürfnisse werden zum Teil nicht als solche erkannt und können somit nicht adäquat mitgeteilt werden.

> Mein Beispiel: Wurde ich als Kind gefragt, ob ich verstanden habe, habe ich immer mit „Ja" geantwortet. Auch dann, wenn ich nicht wirklich wusste, um was es ging. Ich hatte erkannt, dass das „Ja" dazu führt, dass keine weiteren Fragen folgen und ich nicht länger im Mittelpunkt stehe. Mir war bewusst, dass die anderen Kinder, auch die weniger Schlauen, alles verstanden hatten. Ich wollte „schlau" sein. Ich passte mich an, was dazu führte, dass ich überfordert wurde. Niemandem kam in den Sinn, dass mein herausforderndes Verhalten etwas damit zu tun haben könnte.

Dabei ist jedes Verhalten Kommunikation. Vergessen Sie nicht, dass das Kind z.B. Ihre Angst spüren wird, aber ohne zu wissen, warum Sie Angst haben. Viele autistische Kinder übernehmen die Gefühle und Wahrnehmungen ihrer Bezugspersonen 1:1. Elijah ist solch ein Kandidat.

> Elijahs Beispiel: Stritten sich zwei Mitschüler und er stand zu nah dabei, war es automatisch auch sein Streit. Elijah fuhr sofort hoch und begann sich zu schlagen. Für seine Umgebung war das oft nicht zu verstehen.

Sie müssen Ihre Angst vor der Tür lassen. Sie wird nicht gebraucht. Wenn Sie im Umgang mit dem autistischen Kind so gut sind, wie Sie sein können, machen Sie nichts falsch. Vertrauen Sie Ihrem Bauchgefühl. Tauschen Sie sich mit allen aus, die mit dem Kind arbeiten, um sich ein umfassendes Bild von der Intelligenz und

Leistungsfähigkeit des Kindes zu machen. Fragen Sie bei den Eltern nach. Bei manchen Kindern kann ein Intelligenztest helfen.

> Merke: Viele autistische Kinder sind eher in der sozialen Interaktion und bei der Kommunikation mit ihren Mitschüler: innen überfordert, nicht mit dem Lernstoff.

Wie kann ich einem autistischen Kind Gutes tun?

Kurze Antwort: indem Sie das Kind so akzeptieren, wie es ist

Lange Antwort: Es gibt kein besseres Geschenk als Akzeptanz.

> Akzeptanz kostet nichts.
> Jeder kann sie geben.
> Man kann sie nicht überdosieren.
> Sie ist überall einsatzbreit.

Akzeptieren heißt nicht, dass Sie alles gut finden müssen, was das Kind tut. Aber nur, wenn Sie es in seiner anderen Art zu Sein akzeptieren, schaffen Sie eine gute Basis für die Begegnung und für Vertrauen.

> Merke: Der Mensch ist das wichtigste Hilfsmittel für einen autistischen Menschen. Aber auch der größte Stressor.

Vertraut das Kind Ihnen, wird es bereit sein, sich auf Ihre Hilfsangebote einzulassen. Machen Sie unbedingt einen Wahrnehmungscheck.

Eine Aufgabe: Sehen Sie sich mit dem autistischen Kind den Raum an, in dem Sie sich befinden.
> Wie nehmen Sie den Raum wahr?

Was finden Sie gut und was nicht?
Fragen Sie das Kind, wie es bei ihm ist.
Glauben Sie dem Kind.
Vertrauen Sie darauf, dass es für dieses Kind so ist.
Tauschen Sie sich über ihre unterschiedlichen
Wahrnehmungen aus, wann immer dies möglich ist.
Vergleichen Sie sie miteinander.
Finden Sie heraus, was gleich und was anders ist.
Machen Sie sichtbar, was sie beide unterscheidet, aber auch, was sie gemeinsam haben.

Zeigen Sie dem Kind, dass Sie versuchen, es zu verstehen. Wenn möglich, erklären Sie ihm Ihre Wahrnehmung. Sie sehen beide die gleiche Welt, aber ganz anders. Ein autistisches Kind darf nicht das Gefühl bekommen, dass es ein Außenseiter ist. Bauen Sie Brücken, in dem Sie den Fokus auf die Gemeinsamkeiten legen. Suchen Sie zusammen nach Lösungen, wie sich das Kind mit seiner Wahrnehmung besser in der KiTa oder Schule zurechtfinden kann. Wenn sich das autistische Kind nicht als Außenseiter fühlt, dann haben Sie ihm ein wunderbares Geschenk gemacht. Danke!

Raum für Notizen, Gedanken und Fragen:

Kapitel 2   5 Fragen zum Thema Diagnose

„Ich bin, wer ich bin, und ich muss sein."

Der kleine Prinz

Was halten Sie von der neuen einen Diagnose „Autismus Spektrum Störung"?

Kurzantwort: Gar nichts, weil es dazu führen wird, dass mehr Menschen eine Diagnose erhalten und die frühkindlichen Autist: innen noch mehr vergessen werden.

Lange Antwort: Leider wird seit kurzem in den beiden weltweit anerkannten Systemen zur Klassifikation psychischer Störungen (DSM-5 und ICD-11) nicht mehr zwischen Asperger, hochfunktionalem, atypischem und frühkindlichem Autismus unterschieden. Ich finde die neue Art zu diagnostizieren nicht hilfreich. Ich erlebe jeden Tag den großen Unterschied zwischen mir und meinem Sohn hautnah.

Elijah ist non-verbal und rund um die Uhr auf Hilfe angewiesen. Er hat nur wenige Kompensationsstrategien und fast keine Teilhabe. Seit kurzem wissen wir, dass er den sehr seltenen Gendefekt im SCN2A Gen hat, dem sogenannten Autismus-Gen, hat.	Ich bin verbal und kann Sprache als Werkzeug verwenden. Ich habe jede Menge guter Kompensationsstrategien, um meinen Alltag zu meistern und kann mich anpassen. Daher habe ich, wenn auch begrenzt, Teilhabe am gesellschaftlichen Leben.
Frühkindlicher Autismus	Asperger-Autismus

Asperger und frühkindlicher Autismus, aber auch hochfunktionaler und atypische Autismus, sind auf einem Spektrum sein, aber sie unterscheiden sich erheblich voneinander. Besonders, was die

Ursachen betrifft. Nach der jeweiligen Ursache für den Autismus eines Menschen sucht jedoch bislang kaum jemand. Obwohl genau dort die Antwort liegt. Für mich ist diese neue Diagnostik ein großer Schritt in die falsche Richtung.

Warum gibt es immer mehr Autismus Diagnosen?

Kurzantwort: weil mit der neuen Diagnose „Autismus Spektrum Störung" die Diagnosekriterien erweitert wurden, so dass mehr Menschen dem Autismus Spektrum zu geordnet werden (können)

Lange Antwort: Seit einigen Jahren werden vermehrt Autismus-Diagnosen im Erwachsenenalter gestellt. Das war früher eher selten. Da waren es hauptsächlich Kinder, bei denen autistische Verhaltensweisen zur Diagnose führten. Dies führt unweigerlich dazu, dass es mehr Menschen mit der Diagnose Autismus gibt. Lange Zeit wurde angenommen, dass hauptsächlich Jungen betroffen wären. Nun werden vermehrt Mädchen mit Autismus diagnostiziert, die früher übersehen wurden, und natürlich viele Frauen. Das Bewusstsein für Autismus hat sich weltweit in den letzten Jahren stark verändert. Es gibt tatsächlich mehr Autismus-Diagnosen, aber das heißt nicht zwingend, dass es mehr autistische Menschen gibt. Die Diagnose sagt außerdem nichts über die Ursachen aus, sondern gibt lediglich der daraus resultierenden Verhaltensweisen einen Namen.

Elijahs Beispiel: Vor mittlerweile fast 17 Jahren ging ich mit Elijah zur Kinderärztin, um ihr meine Beobachtungen hinsichtlich seines Verhaltens zu schildern. Er hatte den Blick in sich gekehrt, drehte ständig Löffel, allerdings nur rote, und hatte alle Fähigkeiten, wie Türmchen bauen oder erste Worte scheinbar „verloren". Sie hörte sich alles an, winkte ab und meinte, Jungen wären langsamer als Mädchen. Elijah würde da schon rauswachsen. Als er nicht mehr auf Ansprache reagierte, schickte sie uns zum HNO-Arzt, der uns in die

---

Audiometrie der Uniklinik Leipzig überwies. Dort war man sich, im Gegensatz zu uns, lange sicher, dass Elijah taub ist. Wir haben lange Zeit um eine BERA (Hirnstammaudiometrie) gekämpft, die schließlich klar stellte, dass er hörend ist. Erst nach weiteren Monaten Wartezeit stellte man im SPZ die Diagnose frühkindlicher Autismus. Ich bin mir sicher, dass das heute nicht mehr passiert und Elijah früher Zugang zu für ihn sinnvollen Therapieangeboten haben würde. Auch Gen-Tests, die jetzt möglich sind, und bei Elijah einen Defekt am SCN2A Gen aufgezeigt haben, hätten uns viele Jahre der Unsicherheit und des Grübelns und Elijah zusätzliches Leid erspart.

Mittlerweile sind mehr Menschen, insbesondere Ärzt: innen, sensibilisiert, was Autismus betrifft. Es gibt bessere Möglichkeiten der Weiterbildung zum Thema Autismus. Schulungen und Vorträge, unter anderem von Autist: innen selbst, haben dazu geführt, dass Autismus in den Fokus der Gesellschaft gerückt ist.

Leider muss ich hinzufügen, dass viele Menschen, die an sich autistisches Verhalten festzustellen glauben, sich der zahlreichen Selbsttests im Internet bedienen und sich nicht nur als autistisch bezeichnen, sondern auch ausgeben. Diese Entwicklung hilft niemanden. Sie schadet besonders Menschen, die schwer von ihrem Autismus betroffen sind und nur wenige Kompensationsstrategien haben.

Ein Beispiel: Man braucht Wasser, um eine Suppe zu kochen, aber eine Suppe ist nicht gleich Wasser. Wenn Sie eine gut gewürzte Suppe immer weiter mit Wasser verdünnen, dann schmeckt sie schnell nicht mehr und irgendwann geht die Suppe im Wasser verloren. Ich hoffe, Sie verstehen, was ich damit sagen will.

Der erste Schritt ist eine sichere Diagnose und der zweite Schritt muss sein, herauszufinden, warum ein Mensch gerade dieses autistisches Verhalten zeigt. Dann kann adäquat geholfen werden.

Wie gehe ich bei Autismus-Verdacht auf die Eltern zu?

Kurzantwort: Legen Sie den Eltern in einem Gespräch offen und ehrlich dar, wie die Situation des Kindes im Schulalltag aussieht und welche Schwierigkeiten es hat. Empfehlen Sie eine Beratung in einem SPZ oder Autismus-Beratungszentrum.

Lange Antwort: Wenn Sie den Verdacht haben, dass es sich um Autismus handeln könnte, sollten Sie sich mit allen am Kind Beteiligten austauschen. Haben Ihre Kolleg: innen den gleichen Eindruck? Stimmen Sie Ihnen zu? Erst dann sollten Sie Ihre Gedanken auf einfühlsame Art den Eltern mitteilen. Niemand hört gern, dass mit seinem Kind etwas nicht stimmen könnte.

> Tipps für positive Gespräche:
>
> Planen Sie mehrere kurze Gespräche.
> Strukturieren Sie sie gut.
> Geben Sie allen genügend Zeit zum Nachdenken und zur Beruhigung.
> Hören Sie den Eltern zu, um sie zu verstehen, nicht, um zu erwidern.
> Je besser Sie zuhören, desto ehrlicher und ausführlicher werden die Eltern berichten.
> Streichen Sie negative Begriffe wie *Probleme, falsch* oder *Störung* und Militärjargon. Sie nehmen nichts *in Angriff*, sondern Sie möchten helfen.
> Benutzen Sie keine *aber* Sätze, besonders, wenn Sie antworten.
> Nutzen Sie das kleine wirkungsvolle Wort *und*.
> Verzichten Sie auf *nicht* und *kein*, denn das Gehirn nimmt diese Worte nicht wahr. Zum Beispiel: „**Fall nicht hin!**" ist für unser Gehirn „**Fall hin**", deshalb ist es effektiver, zu sagen: „**Pass gut auf!**"

Verneinen Sie nichts komplett, sondern nutzen Sie das Füllwort *noch*. Sagen Sie, dass etwas *noch* nicht geht, so zeigen Sie deutlich an, dass es Spielraum gibt und Sie flexibel sind.

Zeigen Sie von Anfang deutlich, dass Sie kompromissbereit sind.

Verhindern Sie, dass Meinungsverschiedenheiten größer werden.

Machen Sie Vorschläge und bieten Sie Lösungen an.

Lassen Sie zeitliche Ausdrücke wie *kurz*, *schnell*, *fix* und *sofort* weg. Diese erhöhen den Druck für alle Beteiligten.

Mehr Tipps finden Sie in Kapitel 4 „Aufklärung"

Legen Sie den Fokus des Gesprächs so, dass die Eltern erkennen können, dass Sie helfen möchten. Besprechen Sie die Verhaltensweisen des Kindes, auf denen Ihr Verdacht beruht.

Sie müssen Autismus nicht direkt an- oder aussprechen, sondern können ausführlich auf die Besonderheiten in der sozialen Interaktion und Kommunikation des Kindes eingehen. Zeigen Sie außerdem auf, was dem Kind im schulischen Kontext zu schaffen macht, aber auch, was helfen könnte. Sprechen Sie hier mögliche Nachteilsausgleiche, wie Schulbegleitung, an. Informieren Sie sich vorab über lokale Autismus-Beratungszentren und deren Angebote. Gibt es in der Nähe ein Sozialpädiatrisches Zentrum? Dort gibt es Beratungsangebote, die den Eltern weiterhelfen können, einen guten Weg für das Kind zu finden.

Was kann ich tun, um eine Autismus Diagnostik voranzutreiben?

Kurzantwort: Ganz ehrlich? Nicht viel.

Lange Antwort: Es ist und bleibt die Entscheidung der Eltern bzw. Sorgeberechtigten des Kindes, ob sie den Weg zu einer Diagnostik gehen wollen oder nicht. Es gibt noch immer viele Menschen, die eine Autismus-Diagnose als Stigma sehen oder als ein Versagen der Eltern wahrnehmen. Es kommt aber auch vor, das ein Versagen der Eltern als Autismus diagnostiziert wird.

Sie sollten natürlich immer wieder das Gespräch mit den Eltern suchen. Tipps für ein positives Gespräch finden Sie in der vorherigen Antwort. Stellen Sie die positiven Aspekte, die eine Diagnostik für das Kind und die Eltern haben kann, deutlich in den Vordergrund. Salopp gesagt: „Problem erkannt, Problem gebannt". Ganz so einfach ist es nicht.

Merke: Eine richtige Diagnose ist der erste Schritt auf dem Weg zu einer (Ver-)Besserung des (Schul-) Lebens des Kindes und seiner Familie.

Stärken Sie die Eltern, in dem Sie an einem konkreten Beispiel aufzeigen, wie eine Diagnostik helfen kann. Wenn Sie Verhaltensweisen beobachten, die das Schulleben erschweren, wird der Alltag der Familie sicher kein einfacher sein. Seien Sie sich dessen bewusst. Haben Sie Geduld und Verständnis für die Eltern. Zeigen Sie den Eltern, dass Sie am gleichen Strang ziehen und ein Team zum Wohle des Kindes sind. Unterstützen Sie das Kind und die Eltern dabei, festzustellen, welche Hilfsmittel benötigt werden. Priorität hat, dem Kind im KiTa/Schulalltag zu helfen. Sie kennen das Kind im KiTa- oder Schulalltag und werden wissen, was das Kind braucht, um Teilhabe auf allen Ebenen zu erreichen und den Anforderungen, die an es gestellt werden, zu genügen. Prüfen Sie genau, ob es wirklich eine Diagnose braucht, um dem Kind helfen zu können. Überzeugen Sie die Eltern davon, dass das Kind von einer Beratung durch oben genannte Stellen profitieren könnte. Ob es Autismus ist, werden andere Menschen feststellen müssen.

Wie gehe ich damit um, wenn die Eltern die Diagnose ihres Kindes „geheim" halten möchten?

Kurzantwort: Machen Sie den Eltern nachdrücklich klar, dass dies nicht gut gehen wird.

Lange Antwort: Ein Glück, dass das Kind nicht im Rollstuhl sitzt. Dann wäre es nämlich echt schwierig mit der Geheimhaltung. Aber im Ernst. Den Autismus mag man dem Kind nicht ansehen, aber das andere Verhalten in der sozialen Interaktion und Kommunikation wird der Umgebung sehr schnell auffallen. Wenn keiner weiß, dass es Autismus ist, wird schnell interpretiert werden.

Im Klartext:	Es wird schief gehen.

In Windeseile entstehen Missverständnisse. Auch ein Nachteilsausgleich wird durch diese Geheimhaltung von allen Beteiligten, besonders aber den Eltern der anderen Kinder, sofort in Frage gestellt werden. Wir haben alle schon erlebt, wie schnell es zu Vorurteilen kommen kann, die schließlich zu noch mehr Missverständnissen führen. Das autistische Kind erlebt all dies hautnah mit und bezieht es auf sich.

Zwischenfrage:
Was macht es mit einem Kind, wenn es weiß, dass seine Eltern seine andere Art des Seins am liebsten vor der Welt geheim halten wollen?
Im schlimmsten Fall ist Nachricht an das Kind folgende:
So wie du bist, bist du nicht gut genug.

Lassen Sie nicht zu, dass dies an Ihrer Einrichtung auch nur einem weiteren autistischen Kind passiert. Erklären Sie den Eltern, dass es ohne Offenheit und Ehrlichkeit keine Akzeptanz für Autismus geben wird. Inklusion rückt noch weiter in die Ferne. Autismus ist unter anderem auch deshalb eine Behinderung, weil die Gesellschaft viel zu wenig darüber weiß und es nur wenige Begegnungen zwischen autistischen und nicht-autistischen Menschen gibt, die gut funktionieren.

Mein Beispiel: Von meinem Autismus wusste in der KiTa und Schule niemand. Ich wusste, dass ich anders bin, aber nicht, warum das so ist. Wiederholt wurde ich bestraft und verstand nicht warum. Ich wurde ausgelacht und hatte keine Ahnung weshalb. Ich konnte meine Bedürfnisse nicht mitteilen und habe still gelitten. Es hätte mir enorm geholfen, wenn ich und alle um mich herum gewusst hätten, dass man meine andere Art des Seins Autismus nennt und das dies nicht meine Schuld ist. Ich war weder böse, noch vorlaut oder unhöflich. Ich habe jeden Tag mein Bestes gegeben, in einer Welt, die ich nicht verstanden habe. Verständnis und Akzeptanz hätten alles verändert. Überleben wäre zu Leben geworden. Stattdessen habe ich mich Jahrzehnte lang als Versager gefühlt.

Zeigen Sie den Eltern, dass sich Ihre Einrichtung bemüht, ihr autistisches Kinder gut zu betreuen oder zu beschulen. Bestärken Sie sie, offen mit Autismus umzugehen.

Wissen und Verständnis führen zu Akzeptanz. Genau damit leisten Sie einen wichtigen Beitrag zur Akzeptanz und zur Inklusion autistischer Menschen. Danke!

Raum für Notizen, Gedanken und Fragen:

Kapitel 3   5 Fragen zur Barrierefreiheit

„Nur die Kinder wissen, was sie suchen.“

Der Kleine Prinz

Wie sollte eine Autismus akzeptierende KiTa/Schule sein?

Kurzantwort: autistische Kinder annehmen, wie sie sind und gemeinsam schauen, wie eine Betreuung/Beschulung für alle gut funktionieren kann

Lange Antwort: Akzeptanz baut die erste Brücke und macht eine erfolgreiche Begegnung möglich. Setzen Sie sich als Einrichtung auf allen Ebenen mit Autismus auseinander. Nehmen Sie Kontakt zu örtlichen Beratungszentren auf. Kontakte finden Sie im Internet oder über Autismus Deutschland e.V., einem Verein, der viele Beratungsstellen in allen Bundesländern hat. Wenn Sie sich auf ein autistisches Kind vorbereiten, stellen Sie sicher, das ausreichend Zeit vorhanden ist, um das Kind und seine besondere Art schon vorher gut kennenzulernen. Schauen Sie genau, wie sich Ihre Einrichtung diesem Kind anpassen kann.

> Merke: Laut Behindertenrechtskonvention von 2008 (Artikel 24 Bildung) dürfen Menschen nicht wegen einer Behinderung vom allgemeinen Bildungssystem ausgeschlossen werden. Jedes Kind mit Behinderung hat das Recht jede Regelschule zu besuchen. Alle Kinder haben einen gleichberechtigten Zugang zu inklusiver Bildung.

Bitte lesen Sie sich sowohl die Behindertenrechtskonvention als auch das Bundesteilhabegesetz durch. Die Eltern behinderter Kinder kennen meist beides und werden nicht nur darauf verweisen, sondern darauf bestehen. *„Papier ist geduldig“*. Uns muss allen bewusst sein, dass Deutschland dieses Recht mehr als nur mit den

Füßen tritt. Bildung wird auf allen Ebenen vernachlässigt, obwohl unsere Kinder unsere Zukunft sind.

Um als Einrichtung gute Voraussetzungen für ein gemeinsames Lernen mit autistischen Kinder zu schaffen, müssen Sie offen und ehrlich gemeinsam mit den Eltern schauen, was unter den Bedingungen, unter denen Sie derzeit arbeiten müssen, möglich ist und was nicht.

Fragen, die Sie sich und den Eltern unbedingt stellen müssen:

Wo und wie können Sie sich dem Kind anpassen?
Was können Sie leisten und was nicht?
Kann sich das Kind anpassen?
Wie und wo kann es sich anpassen?
Was müssten Sie in der Einrichtung verändern, um das Kind beschulen zu können?
Was können Sie verändern?
Welche Hilfsmittel benötigt das Kind, um vollumfänglich am Schulalltag teilzunehmen?
Sind diese vorhanden?
Wenn nicht, wie können sie zur Verfügung gestellt werden?
Braucht es eine Schulbegleitung?
Wenn ja, ist diese vorhanden?
Wie kommuniziert das Kind?
Kann es seine Bedürfnisse adäquat ausdrücken?
Wie sieht die Interaktion mit anderen Kindern aus?
Welches autistische Verhalten zeigt das Kind? Wann?
Welche Stressoren sind bekannt?
Welche Strategien werden in Stresssituationen genutzt?
Gibt es Stimming? Wenn ja, welches?
Kann dieses im Schulalltag angewandt werden, ohne die anderen Kinder zu beeinflussen?
Welche anderen Interventionen funktionieren?

Gibt es Meltdown, Overload und Shutdown?
Wann? Wie sehen diese aus? Wie ist damit umzugehen?
Gibt es selbst- oder fremdgefährdendes Verhalten?
Wie sieht das aus? Wie sieht die Intervention aus?
Welche Reize überfordern das Kind?
Macht das Kind Therapie? Wenn ja, welche?
Ist ein Austausch mit den Therapeut: innen möglich?
Nimmt es Medikamente? Wenn ja, welche?
Beeinträchtigen diese das Kind im Alltag? Wenn ja, wie?
Wie viel weiß das Kind von seinem Autismus?
Wie lief der Alltag in der KiTa oder Grundschule oder einer
anderen Bildungseinrichtung ab?
Gab es dort einen Nachteilsausgleich? Wenn ja, welchen?
Soll es wieder einen solchen Nachteilsausgleich geben?
Wie soll dieser aussehen? Ist dieser beantragt?
Was wünschen sich Kind und Eltern von der Schule?
Welche Sorgen und Bedenken haben Kind und Eltern
wegen des Schulbesuches?

Obwohl Inklusion in aller Munde ist, leben wir weiterhin Integration. Das heißt, behinderte Kinder müssen sich anpassen. Können Sie das nicht, so wie mein Sohn, sind sie raus. So einfach ist das.
Und so ehrlich müssen wir damit umgehen.

Elijahs Beispiel: Wir haben uns mit Elijahs Schule vor einer Veran-
staltung oder einem Ausflug immer gut beraten, wie er daran teilnehmen könnte. Elijah hatte eine Schulbegleiterin, aber gerade bei
Ausflügen, war es notwendig, den Ernstfall gut durchzusprechen.
Was, wenn er auf dem Ausflugsboot einen Meltdown hat? Was,
wenn er beim Spaziergang im Wald nicht weiterläuft? Was, wenn er
im Kino einen Overload erleidet? Was, wenn? Eine Lösung war, dass
der Hausmeister im Schulbus mitfährt und falls notwendig, Elijah
samt Schulbegleitung zurück zur Schule fährt. Dies hat den Beteiligten eine so große Sicherheit gegeben, dass alle entspannter in die

Situation gehen konnten. Das wiederum hat Elijah beruhigt, der sich an seinem Umfeld orientiert. Alle Ausflüge an denen Elijah teilgenommen hat, waren ein Erfolg und haben ihm unendlich gut getan. Der Hausmeister-Fahrdienst musste nur einmal (erster Kinobesuch) in Anspruch genommen werden. Es gab viele Veranstaltungen, an denen Elijah nicht teilnehmen konnte, weil einfach zu viele Stressoren durch uns oder die Schule nicht beseitigt werden konnten. Opernbesuch und Weihnachtsmarktbummel in Leipzig sind da zu nennen. An diesen Tagen wurde er mit seiner Schulbegleitung in einer anderen Klasse untergebracht.

Schauen Sie gemeinsam mit den Eltern in einer entspannten Atmosphäre, was machbar ist, um dem Kind einen Schulalltag zu bieten, der Lernen ermöglicht und den es auf allen Ebenen bewältigen kann. Dazu zählen nicht nur Unterricht, Pausen und Essenssituationen, sondern die Interaktion mit anderen Kindern, die Kommunikation und das Einfügen in die Gruppe. Sie stimmen mir sicher zu, wenn ich sage, dass KiTa und Schule viel mehr als nur Bildungseinrichtungen sind. KiTa und Schule bereiten tatsächlich auf das Leben vor, aber nicht mit Biologie oder Mathematik. In erster Linie geht es darum, in immer komplexer werdenden Gruppen einen Platz zu finden und sich zu behaupten. Seien Sie deshalb ehrlich, wenn es darum geht, was Sie als Einrichtung leisten können. Nur so kann es überhaupt funktionieren.

Versichern Sie den Eltern immer wieder, dass Sie weder das Kind ablehnen noch seine Behinderung. Machen Sie deutlich, dass Sie das, was Sie ändern können, ändern werden. Zeigen Sie aber ganz klar auf, unter welchen Bedingungen Sie trotz Behindertenrechtskonvention und Bundesteilhabegesetz immer noch arbeiten müssen.

Merke: Die momentanen Rahmenbedingungen in der Bildung lassen eine inklusive Betreuung oder Beschulung und eine *Schule für Alle* gar nicht zu.

Zeigen Sie gemeinsam die Missstände an Ihrer Einrichtung und generell in Sachen Bildung bei Ihren nächsten Vorgesetzten an. Verbünden Sie sich mit den Eltern und reichen Sie die Sache bitte nach oben. Es muss sich viel ändern!

Wie sieht eine gute KiTa/Schule für Autist: innen aus?

Kurzantwort: Diese Frage ist nur schwer zu beantworten, weil es das eine autistische Kind nicht gibt.

> Merke: Eine gute Schule für autistische Kinder, ist eine bessere Schule für alle Kinder.

Lange Antwort: Barrierefreiheit bei Autismus wird häufig schon bei der Planung von Einrichtungen vergessen, obwohl es mittlerweile Architekten gibt, die sich besonders darauf spezialisiert haben. Sie werden Ihre Schule sicher nicht so umbauen oder umgestalten können, wie es für autistische Kinder passen würde, aber es lohnt sich dennoch, zu schauen, was Sie mit wenigen Mitteln verändern können.

Meine Tipps für eine gute Schule für Autist: innen:

frühzeitiges Kennenlernen des Kindes und seiner Bedürfnisse
gute Zusammenarbeit mit den Eltern und allen, die mit dem Kind leben und arbeiten (Bezugspersonen, Therapeut: innen)
sensibilisierte Lehrerschaft, die über Autismus und den Autismus des Kindes umfassend aufgeklärt ist
Think Tanks bilden
Supervision absichern
Mitschüler und deren Eltern über das autistische Kind aufklären
Austausch mit vorher besuchten Einrichtungen

Campus mit kleineren Gebäuden anstatt ein großes Gebäude

Lage des Zimmers von außen betrachten (Verkehr, Pausenhof etc.)

das Klassenzimmer des autistischen Kindes in die ruhigste Ecke legen, weg vom großen Getümmel.

kleine Klassen bzw. 20 Punkte-System umsetzen (siehe dazu Kapitel 7 Unterstützung und Hilfen)

Unterstützung der Fachlehrkräfte durch Assistent: innen und pädagogische Mitarbeiter: innen

individuelle Beschulung des autistischen Kindes: Stundenanzahl festlegen, gemeinsamer oder Einzelunterricht, eventuell Online-Beschulung

individueller Lehrplan, der die Besonderheiten, Stärken und Spezialinteressen berücksichtigt und nutzt

Hilfsmittel zur Verfügung stellen: Fußbodenmarkierungen, Trennwände, Türkennzeichnung, Plan von Schulhaus und Gelände

Schultag inklusive Pausen strukturieren / Strukturen einhalten

frei zugänglicher Auszeitraum zum Regulieren in oder nach Stresssituationen,

Unterstützung in diesen Situationen absichern

gute Vorbereitung auf alle Veranstaltungen, Ausflüge, möglichst mit Plan B, C, D und F

Notfallplan für Meltdown, Overload und Shutdown

Das klingt nicht nur anstrengend, es ist es auch! Vergessen Sie nicht: Jede noch so kleine Veränderung, die Sie für autistische Kinder vornehmen, ist ein großer Schritt in Richtung Inklusion.

Merke: Alles, was Sie an Ihrer Einrichtung für ein autistisches Kind verändern, wird immer allen Beteiligten zugute kommen. Autist: innen sind wie die Kanarienvögel im Bergbau. Sie merken als erste, wenn die Luft knapp wird und hören deshalb auf zu singen. Hören und schauen Sie auf Ihre autistischen Schüler: innen. Sie sind die Wegweiser zu einer *Schule für Alle*.

Planen Sie eine neue Einrichtung, in der sich autistische Kinder wohlfühlen und lernen können? Dann setzen Sie sich bitte unbedingt mit Architekten zusammen, die sich mit der Barrierefreiheit bei Autismus auskennen.

Mein Tipp: Ich empfehle die Freie Architektin Tamara Kessel, selbst Mutter eines autistischen Kindes, die eine besondere Expertise für die Bedürfnisse autistischer Menschen besitzt. Sie bietet nicht nur Autismus freundliche Konzepte, sondern individuelle Sonderlösungen an. Zu finden unter architekturundbarrierefreiheit.de.

Gibt es generelle Tipps zur Gestaltung des Gruppenraumes/Klassenzimmers hinsichtlich autistischer Kinder?

Kurzantwort: Um ein möglichst passendes Gruppen-/Klassenzimmer für das autistische Kind zu schaffen, müssen Sie das Kind und seinen Autismus gut kennen und eng mit ihm und den Eltern zusammenarbeiten.

Lange Antwort: Beraten Sie sich hinsichtlich des Gruppenraumes/Klassenzimmers und anderer Räumlichkeiten unbedingt mit den Eltern und wenn möglich, auch mit dem Kind selbst. Nicht nur wichtig, sondern notwendig ist die frühe Gewöhnung an die Schule und besonders an die Zimmer, in denen das autistische Kind lernen wird.

Fragen, die Sie stellen müssen:

Ist das Kind auditiv, visuell oder olfaktorisch überfordert?
Welche Stressoren hat das Kind?

Wie reagiert es auf diese?
Welche können beseitigt werden? Welche nicht?
Wie reguliert sich das Kind?
Welche Hilfsmittel hat es? Welche braucht es?

Zu beachten ist die Lage des Zimmers innerhalb des Schulge-
bäudes, um von vornherein Stressoren wie Straßenlärm, Licht und
auch Gerüche (Nähe zur Küche oder Essenausgabe) zu minimieren.
Ansonsten müssen Sie die Fenster und Türen wirklich geschlossen
halten. Jedes Öffnen eines Fensters oder einer Tür verändert den
Raum. Der Lichteinfall ist anders, die Temperatur ändert sich und es
reicht anders. Das ist ein Fakt, aber wirklich merken und darauf reagieren wird nur das autistische Kind. Kündigen Sie solche Sachen
vorher an.

Als nächstes sollte der Sitzplatz des Kindes ausgewählt werden. Schauen Sie sich den Sitzplatz mit dem Kind im leeren Klassenzimmer an. Achten Sie immer auf mögliche Stressoren. Das Zimmer
wird sich anders anfühlen, wenn alle Kinder im Raum sind. Zudem
wird es einen großen Unterschied zwischen Unterrichts- und Pau-
senzeiten geben.

Elijahs Beispiel: Elijah hat sich nicht nur in der Schule selten hinge-
setzt. Ein Stuhl schien ihm zu unsicher. Um ihm dennoch seinen
Platz im Klassenzimmer zu geben, bekam er ein Stehpult, das er sehr
gut angenommen hat. Dadurch kam mehr Ruhe in die Klasse. Beim
Morgenkreis hat ein Sitzsack den gewünschten Erfolg gebracht. Dieser gab ihm die notwendige Körperwahrnehmung , die er brauchte,
um für einige Zeit zur Ruhe kommen zu können. Denken Sie nicht
nur bei Stühlen und Tischen unbedingt außerhalb der Box.

Autistische Kinder benötigen oft mehr Platz als die 2 qm pro
Schüler: in, die im Allgemeinen vorgesehen sind. Gibt es eine Schulbegleitung, muss ein extra Sitzplatz vorhanden sein. Vielleicht hilft
dem Kind eine Trennwand, um ungestörter arbeiten zu können

Fragen, die Sie stellen sollten:

Welche Besonderheiten gibt es zu beachten?
Muss das Kind allein sitzen?
Ist es vorn oder hinten besser aufgehoben?
Wie muss der Sitzplatz aussehen, damit das Kind ihn annehmen kann?
Eignen sich der vorhandene Stuhl und Tisch für das Kind?

Trennwände können vor allem visuelle, aber auch auditive Stressoren gut abfangen. Sie müssen gar nicht teuer sein. Ikea hat preisgünstige Varianten für Schreibtische, eine davon bietet sogar Platz für Aufbewahrung und ist schnell zusammengefaltet ist, wenn sie nicht mehr gebraucht wird.

Mein Tipp:
Ikea Övning Schreibtischtrennwand mit Fächern
Eilif Abschirmung für Schreibtisch in verschiedenen Größen

Der Raum sollte blickdichte Vorhänge oder Jalousien haben, die individuell bedienbar sein müssen, um den Lichteinfall zu regulieren, aber auch eine Spiegelung in den Scheiben zu verhindern. Viele autistische Menschen können ihr Spiegelbild nur schwer ertragen. Achten Sie bei Glasschränken darauf, dass sich das autistische Kind nicht selbst darin sehen kann. Es sei denn, diesem Kind macht das nichts aus. Erfragen Sie dies.
Lassen Sie sich auf die Strategien des Kindes ein. Kann es besser zuhören und stillsitzen, wenn es mit dem Rücken zur Tafel sitzt, lassen Sie das doch zu. Strategien und Hilfsmittel bei Autismus sind oft ungewöhnlich. Aber wenn sie funktionieren und keinem anderen schaden, warum sie dann nicht nutzen. Für Hörende macht ein Hörgerät keinen Sinn, aber für einen gehörlosen Menschen öffnet es die notwendige Tür zu seiner Umgebung und baut Brücken.

Das ist bei Hilfsmitteln autistischer Menschen nicht anders. Oft überfordert der Übergang von KiTa in Grundschule bzw. von Grundschule in weitere Schule autistische Kinder, weil die Gruppen, in denen sie sich zurechtfinden müssen, immer komplexer werden. Sie benötigen dann bessere Kompensationsstrategien und mehr Hilfsmittel.

Meine Tipps für kleine Dinge mit großer Wirkung:

Pinnwände ordnen, alle Pins gleich/einheitliche Farbe
Bilderrahmen gerade rücken
Kabelwirrwarr ordnen, Kabelboxen
offene Regale aufräumen, eventuell einheitliche Kisten mit einheitlicher Beschriftung verwenden
individueller Stuhl/Tisch mit mehr Platz um den Tisch des autistischen Kindes
farbige Strukturierung des Arbeitsplatzes mit Klebeband: Was liegt wo?
Zeitstrukturierung durch Zeitschaltuhren, die Zeit sichtbar machen
Kennzeichnung der Wege zum Arbeitsplatz durch Klebeband auf dem Boden
Vorwarnung vor dem Unterrichts- und Pausenklingeln
Erlauben von Hilfsmitteln, z.B. Gehörschutz, individuelle Stifte, am Laptop mitschreiben
Stimming zulassen, solange es die anderen Kinder nicht stört
Rückzugsort im Klassenraum einrichten (das Kind muss dort in Ruhe gelassen werden – ein Muss für alle!)

Wenn das autistische Kind vom Geschehen im Klassenzimmer überfordert ist, kann eine Beschulung in einem separaten Raum eine gute Möglichkeit sein. Das Kind kann sich so schrittweise an den Schulalltag gewöhnen. Die technischen Voraussetzungen dafür sollten seit Corona vorhanden sein. Vielleicht gibt es einen

Nebenraum/Vorbereitungsraum, wo die Tür zum Klassenzimmer offen bleiben kann, so dass das Kind hören kann, was im Klassenzimmer gerade besprochen wird, aber genug Distanz zu den Aktivitäten hat. Vor allem Kindern, die visuell überfordert sind, kann dies helfen. Bleiben Sie flexibel. Wenn etwas nicht funktioniert, dann probieren Sie etwas anderes. Haben Sie Geduld.

Wie ist Inklusion autistischer Kinder in der Schule möglich, wenn die Schule keine Rückzugsräume anbieten kann?

Kurzantwort: Es scheint immer unmöglich, bis man es tut. Das hat Mandela gesagt und das ist mein Lebensmotto.

Lange Antwort: Schauen Sie, was Sie in Ihrer Einrichtung für das autistische Kind tun können. Richten Sie den Fokus auf das, was möglich ist. Denken Sie außerhalb der Box. Oder besser, denken Sie ohne Box, wenn es irgendwie geht. Wenn es keinen separaten Raum gibt, in den sich das Kind zurückziehen kann, muss etwas anderes herhalten. Schauen Sie sich Ihre Einrichtung genau an. Wo gibt es Potenzial? Haben Sie wirklich alle Räumlichkeiten in Betracht gezogen? Sprechen Sie mit den Eltern. Was funktioniert zuhause? Wie und wo reguliert sich das Kind dort? Fragen Sie, wenn möglich, auch das Kind selber. Autistische Kinder haben häufig sehr kreative Ideen, geben sie aber nicht so einfach preis. Was könnte für dieses Kind funktionieren? Vielleicht überrascht Sie die Antwort, aber geben Sie dem Ganzen bitte eine Chance, egal, wie komisch es für Sie klingen mag.

Elijahs Beispiel: Elijah hatte das Glück an seiner Schule einen eigenen Rückzugsraum zu haben, den er viel nutzte. Aber er hielt sich auch sehr gern in den Kellergängen (mit Schulbegleiterin) auf, um sich vor dem Trubel und den anderen Kindern zurückzuziehen. Es störte ihn nicht, dass es ein Keller war. Ganz im Gegenteil, er genoss

---

die Ruhe und im Sommer die Kühle des Kellers. Im Waschkeller sah er bunte Handtücher vom Schwimmunterricht, von denen einige sein Herz erfreuten. Der Keller war sein Reich, hier konnte er sich sammeln, um schließlich gestärkt wieder in seine Klasse oder auf den Schulhof gehen.

Ein Rückzugsort muss nicht zwingend ein Raum sein. Wichtig ist, dass das Kind den Ort annehmen kann und es dort in Ruhe gelassen wird, bis es wieder bereit ist, in die Gruppensituation zurückzukehren. Eventuell können Sie ein Signal vereinbaren, mit dem das Kind anzeigt, dass es eine Auszeit braucht. Es könnte eine laminierte Karte mit einem entsprechenden Emoji für Auszeit übergeben. Die anderen Kinder müssen natürlich entsprechend aufgeklärt sein, damit keine Missverständnisse entstehen oder es negative Kommentare gibt.

Überprüfen Sie immer wieder, ob

das Kind den Rückzugsraum allein aufsuchen kann.
es erkennen kann, wann es eine Auszeit braucht.
es Unterstützung braucht, um aus der Stresssituation gehen zu können. Wenn ja, welche?

In KiTa und Grundschule kann durchaus ein einfaches Popup Zelt in einer Ecke ausreichen. Es muss allen Kindern und dem Betreuungs- und Lehrpersonal bewusst sein, welche Funktion dieses Zelt hat. Das Zelt muss jederzeit für das autistische Kind zugängig sein, darf weder umgestellt noch von jemand anderem benutzt werden, auch nicht für *„ein paar Minuten"*. An einer Mittelschule oder Gymnasium wird diese Idee schon nicht mehr funktionieren. Oft haben autistische Kinder da schon erkannt, wie anders sie sind. Sie lehnen deshalb Hilfsangebote, besonders Auszeiträume strikt ab, obwohl sie sie dringend benötigen.

Mein Beispiel: An meiner Schule gab es keine Auszeiträume. Ich hätte jedoch einen gebraucht. Auf die Schultoilette im Keller habe ich mich nicht getraut, obwohl die Aussicht, dort eine Weile ungestört zu sein, schon verlockend war. Aber dies wäre nur während der Unterrichtszeiten möglich gewesen. In den Pausen war selbst auf dem Klo die Hölle los. Meine Grundschullehrerin erkannte, dass ich Rückzugsmöglichkeiten brauchte. Ich hatte das große Glück, dass meine Oma eine der Schulsekretärinnen war und so schickte mich die Lehrerin Kreide, Papier oder was auch immer holen, um mir meine kleine Auszeit zu geben. Später nutzte ich das von selbst, aber nur während der Pausen, um kurz weg von allem zu sein. So richtig hat das jedoch nicht funktioniert, denn sowohl meine Oma als auch die andere Schulsekretärin, waren beide sehr gesprächig und haben allerhand Fragen gestellt. Ich musste also gut abwägen, was das größere Übel war: eine wegen Regen nach Innen verlegte Hofpause von 20min mit 28 aufgeregten und durcheinanderredenden Kindern oder die Fragerei der beiden *„Schnatterenten"* im Schulsekretariat.

Manche: r Autist: in nimmt vielleicht einen solchen Stuhl im Sekretariat dankend an. Vorher muss dort erklärt werden, wie das Ganze ablaufen muss, damit es für das autistische Kind wirklich eine Auszeit ist. Es sollte nicht angesprochen werden und sich nicht verabschieden müssen, sondern einfach nur kommen und eine Weile bleiben dürfen.

Ein Beispiel: Das Kind kommt, setzt sich auf den Stuhl, liest oder hört Musik, um sich zu regulieren. Es geht wieder, wenn es sich in der Lage dazu fühlt, in die Situation zurückzukehren oder wenn die Pause vorbei ist. Es wird vorher mit allen Beteiligten festgelegt, ob ein Austausch/Begrüßung/Verabschiedung stattfindet.

Als ich älter wurde, war ich froh, wenn ich wegen meines herausfordernden Verhaltens, meist Fragen, die der Lehrer nicht beantworten konnte, vor die Tür gestellt wurde. Himmlisch war das. Fast vollkommene Ruhe. Vielleicht kann das funktionieren, ohne dass das Kind durch Verhalten auffallen muss. Vor dem Zimmer steht ein Stuhl und wenn während des Unterrichtes ein Rückzug notwendig wird, kann das Kind diesen Stuhl dafür nutzen. Während der Pausen muss eine andere Option gefunden werden. Haben Sie eine Bibliothek oder einen Leseraum? Oder eine Cafeteria? Diese könnten während der Unterrichtszeiten als Auszeitraum dienen. Auch Gehörschutz mit der entsprechenden Lärmreduzierung kann Abhilfe schaffen und dem Kind selbst in einem vollen Klassenzimmer oder während der Hofpause die nötige Ruhe und auch Abstand zu verschaffen. Solche Kopfhörer gibt es speziell für Kinder. Auch hier wieder wichtig: es bedarf der Aufklärung der Umgebung, damit allen klar ist, warum dieses Kind gerade Kopfhörer trägt. Der Kopfhörer ist zudem ein wichtiges Signal für die Umgebung, dass jetzt kein Kontakt aufgenommen werden kann.

Ich bin davon überzeugt, dass es in jedem Gebäude gibt es ein Eckchen, das zum Rückzugsort werden kann. Finden Sie es. Oder laden Sie mich ein, dann werde ich es finden.

Merke: Bedenken Sie bei allem, was Sie an Ihrer Einrichtung tun, um sie zu einem sicheren Ort für Lernen und Wachsen haben: Inklusion lässt sich nicht erzwingen. Inklusion hat Grenzen. Inklusion wird immer eine Herausforderung sein.

Wenn wir die Bordsteinkanten absenken, finden Menschen, die einen Rollstuhl nutzen, das klasse. Aber wir nehmen damit sehbehinderten und blinden Menschen eine wichtige Orientierungshilfe im Straßenverkehr. Wir müssen gut schauen, was möglich ist. Wir müssen achtsam sein, dass wir mit Hilfsangeboten für die einen, den anderen nicht schaden. Es ist wie alles im Leben, eine Frage der Balance.

Wie sollte der Schulhof/Garten für autistische Kinder gestaltet sein?

Kurzantwort: Der Schulhof oder KiTa Garten muss auf die Bedürfnisse der autistischen Kinder zugeschnitten werden, dann wird er allen Kindern gerecht.

Lange Antwort: Bei der Gestaltung des KiTa Gartens oder Schulhofes muss genau überlegt werden, welche Kinder diesen Bereich nutzen werden. Autistische Kinder stellen hierbei eine besondere Herausforderung dar. Aber gleichzeitig sind sie sind eine große Hilfe, denn sie zeigen ganz deutlich die Schwachstellen auf, die für alle Kinder gefährlich werden könnten. Bei nicht-autistischen Kindern wird häufig ein Verständnis von Situationen angenommen, das oft aber in keiner Weise altersgerecht ist.

> Merke: Der präfrontale Cortex, der die kognitiven Prozesse steuert, die wir brauchen, um der Situation angepasst zu reagieren, ist erst ab dem Alter von 25 Jahren, vollständig ausgreift und nutzbar.

Kinder sind deshalb nicht 100% einschätzbar. Sie handeln impulsiv und haben noch gar nicht die Voraussetzungen dafür, die Lage richtig einzuschätzen und sind sich aller Konsequenzen ihres Handelns überhaupt nicht bewusst.

Wenn Sie die Möglichkeit haben, einen Schulhof oder KiTa Garten neu anzulegen, ziehen Sie unbedingt Architekten und Planer hinzu, die Erfahrungen hinsichtlich der Barrierefreiheit bei Autismus haben. Für KiTa Gärten und Schulhöfe gibt es strenge Bestimmungen, was zum Beispiel die Bepflanzung betrifft. Aber leider werden diese werden nicht immer eingehalten. Dabei sollte die Sicherheit oberste Priorität haben.

Elijahs Beispiel: Elijah nimmt alles in den Mund, aber mit Vorliebe jedes Grünzeug, das er in die Hände bekommt. Dabei ist er so schnell, dass weder wir noch seine Schulbegleitungen, ihn in vielen Situationen davon abhalten konnten. An seiner Schule gab es nur essbare Grünpflanzen. Er bekam einmal als Wochenaufgabe: keine Pflanzen zu essen. Irgendwann hat das sogar geklappt. Aber als er einige Zeit später ein paar Tage in einer Werkstatt für behinderte Menschen war, stürzte er sich sofort auf die große Auswahl an Grünpflanzen, die im Raum verteilt standen. Als ich den Anruf bekam, machte ich mir keine Sorgen, denn ich hatte erwartet, dass in einer besonderen Gruppe der Tagesbetreuung einer WfbM keinerlei Gefahren auf meinen Sohn warten würden. Falsch gedacht: die Pflanzen waren giftig und konnten nicht ohne weiteres aus dem Raum entfernt werden. Das hat mich echt sprachlos gemacht. Aber bisher hatte man dort keine autistischen Menschen betreut, die so mobil waren wie Elijah und schon gar keine Pflanzenfresser. Innerhalb von zwei Tagen hatte Elijah alle Schwachstellen der Einrichtung aufgezeigt. Da haben Sie sein Potential. Genützt hat es ihm wenig, denn die Lösung der WfBM war, Elijah abzulehnen.

Überprüfen Sie bei einem bestehenden Außenbereich alle Pflanzen, die dort für die Kinder erreichbar sind. Jedes lose Material stellt für Kinder, die ihre Welt hauptsächlich oral erkunden, eine Gefahr dar. Manche autistische Menschen tun dies bis ins Erwachsenenalter. Also auch die Schulhöfe dahingehend unter die Lupe nehmen.

Befragen Sie die Eltern des autistischen Kindes, was für das Kind eine Gefahr darstellt. Sie sollten sich gut überlegen, ob Sie Hochbeete anlegen. Ein Schulgarten muss eventuell nochmals separat eingezäunt werden. Wenn Sie den KiTa Garten/Schulhof zu einem sicheren Ort für alle machen möchten, gilt es, auf die Ein- und Ausgänge zu achten. Schauen Sie sich an, wie diese gesichert sind. Viele autistische Kinder haben eine Weglauftendenz bzw. nehmen

Türen nicht als eine Begrenzung wahr, wenn diese zwar zu, aber nicht abgeschlossen ist.

Elijahs Beispiel: Als er für ein paar Minuten in der Therapie unbeaufsichtigt war, lief er einfach durch die nicht abgeschlossene Tür und war weg. Er ist damals zu unserem Auto gelaufen, dass zum Glück auf der Straßenseite geparkt war, auf der sich der Ausgang des Gebäudes befand, aus dem er entwichen war. Er blieb unversehrt.
Auch die Mitarbeiter: innen in der WfbM hat Elijah einiges gelehrt. Die beiden Betreuerinnen waren mit einer Inko-Versorgung in einem anderen Raum beschäftigt. Elijah, der sich noch unsicher in der neuen Umgebung fühlte, hat mehrere Türen überwunden und ist aus dem Gruppenraum bis auf die Straße gelangt, ehe jemand seine Abwesenheit bemerken konnte.

Stellen Sie also entweder eine lückenlose Betreuung des autistischen Kindes sicher oder schließen Sie die Türen und Tore ab. Es gibt Magnetschlösser, die ganz schnell und einfach mit dem entsprechenden Schlüssel geöffnet werden können, ohne dass groß hantiert werden muss. Schließen Sie immer die Türen und Tore. Eine offenstehende Tür kann für ein autistische Kind das Signal sein, dass es gehen darf/soll/muss.

Stellen Sie sicher, dass Spielgeräte nicht zu einer Gefahr werden. Viele autistische Kinder können nicht einschätzen, wie viel Abstand sie zu einer Schaukel oder Rutsche halten müssen, um sich und andere nicht zu gefährden. Ohne oder mit nur geringer Wahrnehmung des Gegenübers ist dies nicht möglich. Einer Person, die ich nicht wahrnehme, kann ich auch nicht aus dem Weg gehen. Sie müssen sich stets bewusst machen, dass ein autistischer Mensch eine ganz andere Wahrnehmung der Umgebung hat, als Sie sie haben. Das ist nicht einfach, denn die meiste Zeit agieren wir Menschen unterbewusst. Es ist eine der großen Herausforderungen, wenn Sie mit autistischen Menschen leben, arbeiten oder sie betreuen wollen.

Versuchen Sie den Garten/ Schulhof einmal anders zu betrachten. Falls das autistische Kind Ihnen keine Auskunft darüber geben kann, wie es den Schulhof bzw. Garten wahrnimmt, dann kann es eine gute Idee sein, einen autistischen Menschen zu befragen, der genau das kann. Es gibt mittlerweile viele autistische Berater: innen und Referent: innen, die Sie garantiert auf ganz viele Schwachstellen, auch innerhalb des Gebäudes Ihrer Einrichtung, aufmerksam machen können.

Ein Beispiel: Ich wurde von einer Schule kontaktiert, weil ein autistisches Kind plötzlich nicht mehr in den Klassenraum ging. Keiner konnte *sich einen Reim darauf machen*. Das Kind selbst konnte sich nicht mitteilen. Als man mir die Tür zum Klassenzimmer öffnete, fiel mir sofort die große Glastür gleich gegenüber auf, die einen freien Blick auf den Garten gewährte. Für mich war das Zimmer nicht als abgeschlossener Raum wahrnehmbar. Wenn dies mein Klassenzimmer gewesen wäre, dann hätte ich es zwar betreten können, hätte mich aber mit dem Rücken zu dieser Glastür setzen oder positionieren müssen. Dies war aufgrund der Bestuhlung des Raumes nicht möglich. Ich fragte, ob die Situation mit der Glastür schon immer bestanden hat. Es kam heraus, dass es mal einen Vorhang gab, der aber entfernt wurde. Alle waren sich ziemlich sicher, dass das Kind seitdem nicht mehr in den Raum ging. Es wurde schnellstmöglich ein neuer Vorhang angebracht und das war des Rätsels Lösung. Das Kind konnte das Zimmer, wahrscheinlich genau wie ich, nicht mehr als einen geschlossenen und damit sicheren Raum wahrnehmen. Es gab es keine Probleme mehr, solange der Vorhang zugezogen war.

Wenn man weiß, warum ein Kind so agiert, ist man der Lösung oft einen Riesenschritt näher gekommen. So einfach ist es allerdings selten.

Schaffen Sie im KiTa Garten/Schulhof unbedingt ausreichend Rückzugsorte für jedes autistische Kind. Es muss sichergestellt sein, dass es den Weg dorthin kennt und ihn allein gehen kann. Auch dann, wenn Trubel auf dem Hof oder im Garten herrscht. Gehörschutz kann helfen, den Geräuschpegel zu senken. Autistische Kinder verweigern Aktivitäten auch, weil es zu laut ist oder die Geräusche nicht einschätzbar sind.

> Merke: Ein leerer KiTa Garten oder Schulhof sieht anders aus, fühlt und hört sich anders an als einer voll mit Kindern, die sich lautstark austauschen und richtig austoben wollen (und müssen).

Der Rückzugsort muss nicht zwingend ein weit abgelegenes Areal sein, das komplett blickdicht ist. Am besten zeigen Sie dem autistischen Kind den Garten/Schulhof, wenn keine anderen Kinder da sind. Mithilfe eines Videos können Sie zeigen, was im Garten/Schulhof los ist, wenn die Kinder ihn nutzen. Versuchen Sie gemeinsam einen Platz zu finden, an dem sich das Kind in der Gartenspielzeit oder Hofpause erholen kann.

> Elijahs Beispiel: Elijah hat sich immer von allein einen Platz abseits der Gruppe gesucht. In KiTa/Schule war das der Geräteschuppen des Hausmeisters. Selbst wenn der abgeschlossen war, zog sich Elijah zuerst dorthin zurück. Die anderen Kinder haben das akzeptiert, sind aber oft zu Elijah hingegangen, um ihm Spielangebote zu machen. Er konnte sie bei ihrem Spiel zu beobachten und war auf seine Weise Teil des Geschehens, ohne aktiv beteiligt sein zu müssen.

Vielleicht gelingt es Ihnen, die Interessen des Kindes auf den Garten oder Schulhof zu übertragen. Ein Bild seines Superhelden an der Wand, eine Tastwand oder Fühlpfad hätte Elijah noch mehr von einem Gartenbesuch überzeugt.

Sehen Sie den Rückzugsort als einen sicheren Beobachtungsposten. Das autistische Kind soll und will sich nicht abgrenzen, sondern versucht, auf seine Art dabei sein zu dürfen. Ziel muss sein, dass autistischen Kindern eine Teilhabe an der Gemeinschaft ermöglicht wird, die diese Kinder als eine positive Erfahrung wahrnehmen und abspeichern können. Nur nach einer positiven Erfahrung werden sie sich erneut auf Interaktionen einlassen. So können sie schrittweise mehr Nähe und Begegnungen zulassen. Falls es mit Gartenbesuch oder Hofpause anfangs nicht klappen sollte, zeigen Sie Verständnis und bieten Sie dem Kind eine Alternative. Für Elijah war das der Kellergang. Es könnte auch ein Platz am Fenster mit Blick auf Garten/Schulhof sein. Das Kind zusehen, ohne auditiv überfordert zu sein. Es hat die Möglichkeit, sich einen Überblick zu schaffen und kann Strukturen erkennen und Abläufe verinnerlichen. Dies wird zu einer größeren Bereitschaft führen, irgendwann in den Garten oder auf den Hof zu gehen. Wir begeben uns nur dann freiwillig in Situationen, wenn wir ausreichend informiert sind und Risiken abschätzen können. Deshalb lesen Sie dieses Buch. Danke dafür.

Raum für Notizen, Gedanken und Fragen:

Kapitel 4   5 Fragen zu Aufklärung

„Die großen Leute verstehen nie etwas von selbst, und für die Kinder ist es zu anstrengend, ihnen immer und immer wieder erklären zu müssen."

Der kleine Prinz

Wie gehe ich mit den Eltern des autistischen Kindes als auch den anderen Eltern um?

Kurzantwort: Ganz einfach: offen und ehrlich.

Lange Antwort: In den vorhergehenden Antworten habe ich mehrfach betont, wie wichtig es ist, dass alle Beteiligten über den Autismus des Kindes aufgeklärt werden. Die Eltern sind die wichtigsten Bezugspersonen des Kindes und oft einer enormen Belastung ausgesetzt. Häufig fühlen sie sich komplett allein gelassen. Sowohl für das Kind als auch für die Eltern ist es wichtig, dass von Seiten der KiTa oder Schule eine sichere Vertrauensbasis aufgebaut wird. Diese Brücke brauchen diese Eltern.

Elijahs Beispiel: Als Elijah eingeschult werden sollte, mussten wir ihn an der nächstgelegenen Grundschule anmelden. Das war Pflicht, auch für ein von Autismus schwer betroffenes Kind. Ich habe Elijah nicht mitgenommen, da ihn dies komplett überfordert hätte. Die Schulleiterin kam mir entgegen und rief ohne Begrüßung sofort: *„Damit Sie es gleich wissen, Ihren Sohn nehmen wir hier nicht."* Das hat mich schwer getroffen. Damals wusste ich noch nicht, dass eine solche Aussage ausschließlich etwas über die Person aussagt, die sie macht, nicht aber über mich und schon gar nicht über Elijah. Ich war froh, dass ich Elijah nicht mitgenommen hatte. Obwohl er non-verbal ist, kann er hören. Ich bin mir sicher, dass ihm diese Worte genauso weh getan hätten wie mir.

Auch andere Eltern autistischer Kinder haben oft viele schlimme Erfahrungen gemacht und lassen sich deshalb nicht mehr so schnell auf eine neue Einrichtung oder Menschen ein. Zeigen Sie den Eltern im Gespräch, dass Sie sie als Experten für das Kind wertschätzen und bereit sind, mit ihnen gemeinsam dafür zu sorgen, dass sich das Kind an der Einrichtung wohlfühlen und lernen kann. Unabhängig davon, ob Sie das Kind an Ihrer Einrichtung aufnehmen können, wollen oder gar müssen, bitte gehen Sie so sanft wie möglich mit den Eltern um. Diese Eltern haben sicher schon unzählige Male Ablehnung und Ausgrenzung wegen der anderen Art des Seins Ihres Kindes erfahren. Ich kann mich gut erinnern, wie es mir vor, während und nach Gesprächen dieser Art ging.

> Mein Beispiel: Ich habe mich immer mit allem, was ich hatte, für meinen Sohn eingesetzt. Manchmal war ich so verzweifelt über die Hilflosigkeit, in der wir uns mit Elijah befanden, dass es schwer war, noch irgendeinen Ausweg zu sehen. Anstatt mir Halt zu geben, hat mich eine von Elijahs Lehrerinnen nach einem Elterngespräch beim Jugendamt wegen Kindswohlgefährdung angezeigt. Zum Glück saß dort ein Mitarbeiter, der wesentlich empathischer war, und der mir zugehört hat, um mich und meine Situation zu verstehen.

Seien Sie sich bewusst, dass die Eltern des autistischen Kindes eine Erwartungshaltung an die Einrichtung haben, der Sie vielleicht nicht gerecht werden können. Bundesteilhabegesetz und Behindertenrechtskonvention (BRK) lesen sich wunderbar, aber es scheinen sich nur ganz wenige Menschen wirklich für die Durchsetzung der Rechte behinderter Menschen zu interessieren.

In Kapitel 1 Frage 2 finden Sie Fragen, die Sie an die Eltern richten können, um das Kind besser kennenzulernen. In Kapitel 2 Frage 3 habe ich bereits einige Ratschläge für ein positives Elterngespräch formuliert.

Meine Tipps für ein ehrliches Elterngespräch:

Stecken Sie gemeinsam klar und deutlich die Ziele ab.
Bieten Sie den Eltern einen sicheren Raum für offene
Gespräche, in denen alles ausgesprochen werden darf.
Begeben Sie sich auf Augenhöhe, so dass die Eltern nicht das
Gefühl haben, sich verteidigen oder gar angreifen zu müssen.
Versuchen Sie Schuldzuweisungen zu vermeiden.
Sprechen Sie von Verantwortung und Konsequenzen.
Nehmen Sie die gegebenen Rahmenbedingungen genau
unter die Lupe.
Zeigen Sie deutlich auf, wo Ihre Grenzen liegen und
warum das so ist.
Suchen Sie gemeinsam nach Lösungen.
Schätzen Sie die Expertise der Eltern und machen Sie sich
deren Situation bewusst.
Schauen Sie nach jedem Gespräch, wie Sie den Austausch
mit den Eltern verbessern können.
Was brauchen die Eltern, damit die Zusammenarbeit besser
funktionieren kann?
Holen Sie, wenn nötig, einen Mediator dazu, der als
neutrale Person gut zwischen allen vermitteln kann.

Egal, wie ausweglos die Situation zu sein scheint, versuchen
Sie den Eltern immer eine Alternative aufzuzeigen. Es ist wichtig,
dass Sie den Eltern Ihre positive Haltung gegenüber Autismus deutlich machen und immer wieder Ihr Interesse am Kind bekunden. So
schaffen Sie eine sichere Basis für alles Weitere.

Elijahs Beispiel: Als Elijah mit ca. 6 Jahren endlich in einer KiTa für
Gehörlose Kinder (da er in seiner Diagnose auditive Wahrnehmungs-
störung stehen hatte und mit Assistenz ausgestattet war) aufgenommen wurde, habe ich wenig später gemeinsam mit einer Mitarbeiterin der Beratungsstelle, in der Elijah therapeutisch betreut

wurde und die die Assistenz gestellt hat, eine Weiterbildung zum Thema Autismus allgemein, so möglich, und zu den Besonderheiten meines Sohnes gehalten. Die Bereitschaft der KiTa mehr zum Thema Autismus zu erfahren und Elijah besser zu kennen, war enorm hoch und führte letztendlich dazu, dass der KiTa Besuch zu einem Erfolgserlebnis für alle geworden ist.

Viele Eltern haben einen unheimlich schweren Alltag und fühlen sich zu Recht hilflos und alleingelassen. Versuchen Sie den Eltern zu verdeutlichen, dass Sie alles dafür tun werden, dass es an Ihrer Einrichtung einen Neustart für das autistische Kind geben kann.

Auch die Eltern der anderen Kinder, mindestens aber die der unmittelbaren Mitschüler oder Kinder in der KiTa Gruppe, müssen über das autistische Kind Bescheid wissen. Sie sind zwar nicht direkt, aber entscheidend daran beteiligt, ob die Betreuung in der KiTa oder die Beschulung des autistischen Kindes in der Klasse/Schule gelingen kann. Wenn Sie die Eltern außen vorlassen, bekommen diese Informationen ausschließlich über ihre Kinder. Wenn diese nichts vom Autismus des neuen Kindes wissen, werden die Eltern ganz schnell auf das reagieren, was sie da von ihren Sprösslingen zu hören bekommen. An Autismus wird da erst einmal niemand denken.

Merke: Ohne Aufklärung wird aus einer, zugegeben schwierigen Situation ein Problem, dass sich nicht so einfach beseitigen lässt und schnell viel Schaden auf allen Ebenen anrichtet.

Am besten planen Sie rechtzeitig einen oder mehrere Elternabende, sowohl im kleinen (Gruppe/Klasse des autistischen Kindes) und im großen Kreis (Eltern aller Kinder) über Autismus und über den Autismus des Kindes, das demnächst Ihre Einrichtung besuchen wird. Das bedeutet, dass Sie selbst das Kind und seine besonderen Verhaltensweisen schon gut kennen müssen. Sie werden eine Menge Fragen beantworten müssen. Natürlich können Sie die Eltern des Kindes einbeziehen, denn die kennen ihr Kind am besten und sind besser in der Lage, Fragen der anderen Eltern zum Kind und seinem Autismus zu beantworten. So können eventuell wertvolle Brücken zwischen den Eltern gebaut werden. Erst, wenn die Eltern die Möglichkeit bekommen, einen Einblick in das Leben und den Alltag mit einem autistischen Kind erhalten, werden sie in der Lage sein, Empathie für die Familie und das Kind entwickeln zu können. Holen Sie sich rechtzeitig Unterstützung und Hilfe von Ihren Beratungsstellen vor Ort. Dies können Autismus-Therapie-Zentren sein, aber auch Sozialpädiatrische Zentren haben mittlerweile Autismus erfahrene Therapeut: innen und Ärzt: innen.

Mein Tipp: Informationen zu den Regionalverbänden und Mitgliedsorganisationen von Autismus Deutschland e.V. finden Sie auf deren Webseite unter: https://www.autismus.de/ueber-uns/struktur-des-bundesverbandes/regionalverbaende-und-mitgliedsorganisationen.html , aber es gibt zudem zahlreiche unabhängige Vereine, die sich für Autismus engagieren und Beratungen anbieten.

Nach der allgemein gehaltenen Aufklärung zu Autismus als besondere Wahrnehmung mit Konsequenzen in der sozialen Interaktion und Kommunikation gehen Sie als nächstes auf die Besonderheiten des autistischen Kindes an Ihrer Einrichtung ein. Für ersteres können Sie sich Unterstützung von einem Autismus-Zentrum holen, die oftmals erfahrene Berater: innen stellen oder Ihnen bei der Suche nach geeigneten Referent: innen helfen können. Um die Besonderheiten des autistischen Kindes gut zu erklären, können Sie entweder auf die Eltern, so diese sich in der Lage dazu fühlen, oder auf Therapeut: innen des Kindes oder einer Kombination aus beidem zurückgreifen.

Laden Sie alle Eltern ein, an Vorträgen und Weiterbildungen zu Autismus an Ihrer Einrichtung teilzunehmen. Sie helfen dadurch nicht nur den autistischen Kindern Ihrer Einrichtung, sondern allen autistischen Menschen. Aufklärung führt zu Verständnis und Verständnis letztendlich zu Akzeptanz

Meine Tipps für eine gelungene Elternaufklärung:

Wie werden die Kinder über den Autismus des Kindes aufgeklärt?
(siehe meine Antwort auf die nächste Frage)
Was bedeutet die Beschulung/Betreuung des autistischen Kindes für die anderen Kinder?
Was wird sich ändern? Was nicht?
Was ist ein Nachteilsausgleich?
Welchen Nachteilsausgleich (z.B. Schulbegleitung) hat das Kind und warum?
Wird dieser sich auf den Unterricht auswirken?
Wenn ja, wie?
Welche anderen Hilfsmittel wird das Kind nutzen?
Wie sollen die anderen Kinder mit dem Kind umgehen?
Wie kann eine Kommunikation der Kinder untereinander gelingen?
Welche Unterstützung bekommen die Kinder, um den nun etwas anderen Schulalltag gut meistern zu können?
(kleinere Klasse, Assistenz in der Klasse)

Merke: Die erfolgreiche Beschulung oder Betreuung autistischer Kinder, und letztendlich die Inklusion autistischer Menschen, hängt davon ab, ob es uns gelingt, die Barrieren in den Köpfen der Mitmenschen abzubauen.

Stellen Sie sicher, dass es auch nach dem Elternabend immer bereitwillige Ansprechpartner :innen für die Eltern der anderen Kinder gibt.

Diese werden viele Fragen haben, von denen sich einige sicher schnell und einfach beantworten lassen, andere aber nicht. Haben Sie eine Liste von Büchern und Publikationen zu Autismus parat, auf die Sie verweisen können, wenn Eltern sich intensiver mit der

Thematik befassen möchten. Am Ende des Buches finden Sie Literaturvorschläge von mir. Erklären Sie auf jeden Fall den Eltern der anderen Kinder, was die BRK und das Bundesteilhabegesetz sind und was dort festgelegt worden ist. Viele Eltern nicht-behinderter Kinder kennen sich dahingehend wenig bis gar nicht aus. Auch den Nachteilsausgleich missverstehen ganz viele Eltern immer noch.

Elijahs Beispiel: Elijah wurde von einem Fahrdienst von zuhause abgeholt, zur Schule (Schule für geistige Entwicklung/10 km von Zuhause) gefahren und nach Unterrichtsschluss wieder retour nach Hause gebracht. Es dauerte nicht lange, da sprach mich eine Bekannte darauf an und meinte, dass sie diesen Luxus-Chauffeur-Dienst auch gern für Ihren Sohn (fahrradfahrend, nicht-behindert, Grundschule/ 2km von Zuhause) hätte. Selbst nach längerem Gespräch verstand sie nicht, dass es sich bei Elijah um den Ausgleich eines Nachteils handelte. Ganz abgesehen davon, dass ich alles gegeben hätte, damit Elijah mit dem Bus oder dem Fahrrad zur nächsten Grundschule hätte fahren können. Unwissenheit und Unbelehrbarkeit können sehr weh tun.

Sie kennen die Redewendung: *Vier Augen sehen mehr als zwei.* Was können dann erst 25 oder 50 Augen entdecken? Wie wäre es mit einem großen Think Tank mit allen Eltern? Holen Sie die Eltern an Bord. Eine inklusive KiTa oder Schule muss eine KiTa/Schule inklusive Eltern sein.

Wie kann ich die anderen Kinder über das autistische Kind, das in ihre Gruppe oder Klasse kommt, aufklären?

Kurzantwort: „Der sechste Sinn II" von Carol Ann Gray

Lange Antwort: Ich kann Ihnen nur immer wieder sagen, wie wichtig es ist, dass alle Kinder über Autismus und das autistische Kind aufgeklärt werden müssen, die ihm im Schul- oder KiTa-Alltag begegnen werden.

> Merke: Kein Kind kommt mit Vorurteilen und Berührungsängsten auf die Welt, sondern es erlernt diese von seiner Umgebung.

Wenn niemand weiß, warum das Kind sich anders und unerwartet verhält, wird es nicht lange dauern, bis die ersten unschönen Reaktionen folgen. Ohne Aufklärung, wird es schief gehen. Bevor Sie wissen, was los ist, stehen Sie vor einem Riesenproblem. Aber das muss nicht sein! Lesen Sie dazu meine Antwort auf die vorherige Frage. Je jünger die Kinder, desto offener sind sie für alles Neue und Andere. Es gilt abzuwägen, ob das autistische Kind bei einem ersten Aufklärungsgespräch mit dabei sein sollte. Ich empfehle dies aus eigener Erfahrung nicht.

> Mein Beispiel: Es hätte mir sehr geholfen, wenn mein Autismus schon in meiner Kindheit hätte erkannt werden können. Bei einem Gespräch, dass den anderen Kindern meine besondere Art der Wahrnehmung und des Seins erklärt hätte, hätte ich auf gar keinen Fall dabei sein können. Meine Selbstwahrnehmung wäre sofort hochgefahren und zu Selbstkonfrontation geworden. Andere-Wahrnehmung, d.h. andere Menschen bewusst sehen, hören spüren, also ihrer gewahr werden, löst immer Selbst-Wahrnehmung aus. Genau dieses Gewahr werden des eigenen Selbst ist mein größtes Problem.

Das geht meinem Sohn und vielen anderen autistischen Menschen nicht anders, weshalb sie sich immer wieder zurückziehen. Nicht, weil sie nicht mit anderen Menschen sein wollen, sondern, weil sie es nicht oder nur zeitweilig können. Finden Sie im Gespräch mit den Eltern heraus, ob dies bei dem autistischen Kind ähnlich ist. Bedenken Sie, dass Kinder wissbegierig und neugierig sind. Es könnte also durchaus sein, dass sie das autistische Kind mit

Fragen im wahrsten Sinne des Wortes *„überfallen"*. Es muss ein guter Start für beide Seiten werden.

Meine Tipps für eine gute Vorbereitung der anderen Kinder:

> neugierig machen der Kinder auf das autistische Kind
> Motto : **Wir sind alle anders- das haben wir gemeinsam**
> positive Gesprächsführung mit Fokus auf Stärken des Kindes
> Herausarbeiten von Gemeinsamkeiten
> frühzeitiges entspanntes Kennenlernen des autistischen Kindes an einem sicheren Ort, eventuell nicht sofort mit allen anderen Kindern, sondern schrittweise
> Erstellen von Steckbriefen oder Freunde-Buch für das autistische Kind mit Foto, Hobbys und Besonderheiten seiner neuen Spielgefährten oder Mitschüler
> Erstellen einer Wandzeitung mit Fotos und Namen, um das Wiedererkennen zu erleichtern
> Regeln für den Umgang miteinander gemeinsam erarbeiten

Es gibt überraschenderweise nur wenige Bücher oder Materialien, die sich mit diesem Thema beschäftigen. Vermeiden Sie es, mit Aufklärungsbüchern zu arbeiten, in denen das autistische Kind irgendeine Hoch- oder Inselbegabung hat. Das betrifft die wenigsten Autist: innen und wird nur zu mehr Missverständnissen führen. Das eine Aufklärungsbuch zu Autismus kann es nicht geben, da sich Autist: innen sehr voneinander unterscheiden.

Mein Buchtipp: „Der sechste Sinn II" von Carol Ann Gray (Gray 2013, Autismusverlag, ISBN 978-3952407639) ist ein einfach umsetzbarer Unterrichtsplan zum Thema Autismus. Er bietet Übungen, bei denen der Fokus auf Sehen, Hören, Riechen, Schmecken, (Er)tasten liegt. Dazu wird ein ganz wichtiger sechster Sinn, unser sozialer Sinn, eingeführt. Es geht um den Perspektivwechsel, der erforderlich ist, wenn man autistische Menschen verstehen und ihre andere Art des

Seins akzeptieren möchte. Die Kinder werden aufgefordert, sich selbst in der sozialen Interaktion zu beobachten und erfahren dadurch, warum sie z.B. das Verhalten von anderen Menschen vorhersehen und deren Gefühle erahnen können. Dies hilft ihnen zu verstehen, wie es für einen autistischen Menschen sein muss, der diese Fähigkeiten nicht hat. Sie begreifen nicht nur, was dem autistischen Kind fehlt, sondern entdecken, wie sie ihm helfen können.

Ich denke, es kann auch für jüngere Kinder (unter 6 Jahren) entsprechend aufbereitet und ebenso für Erwachsene (Eltern der anderen Kinder) herangezogen werden, die meist schon ziemlich viele Vorurteile und Falschinformationen zu Autismus mit sich herumtragen. Es wird Ihnen sicher nicht schwer fallen, das Material an die unterschiedlichen Altersgruppen anzupassen. Um es passender für die Vorstellung und Aufklärung eines spezifischen autistischen Kindes zu machen, sollten Sie sich mit den Eltern und Therapeut: innen abstimmen.

Gehen Sie unbedingt darauf ein, dass es nicht schlimm ist, sich von anderen Kindern zu unterscheiden oder etwas (noch) nicht zu können. Zeigen Sie auf, dass dies eine wunderbare Möglichkeit ist, etwas Neues zu erfahren oder zu lernen.

Die Kinder könnten ihre Hobbys vorstellen und darüber berichten, warum sie gerade dieses oder jenes gern machen.

In der KiTa oder Grundschule können Sie folgende spielerische Übung ausprobieren, um den Kindern zu verdeutlichen, dass jeder mit einem anderen etwas gemeinsam hat.

Mein Spieltipp:

Lassen Sie die Kinder einen großen Kreis bilden. Stellen Sie verschiedene Fragen, die Sie vorher gut vorbereiten haben. Es sollten Fragen sein, die sich spezifisch auf die Kinder und ihre Hobbys beziehen. Zum Beispiel: *„Wer fährt gern Roller?"* Alle Kinder, die dies gern tun, treten in den Kreis. Das haben sie gemeinsam. *„Wer ist gern Eis?"*

Ich denke, dass hier fast alle Kinder in den Kreis treten. Es gibt Ge-meinsamkeiten, die wir mit wenigen Menschen teilen und solche, die sich ganz viele Menschen teilen. Das eine teilen wir mit diesem, etwas anderes mit einem anderen Menschen. Jedes Kind merkt, dass es ganz viel den anderen Kindern gemeinsam hat. Wählen Sie die Fragen so, dass wirklich jedes Kind, allen voran das autistische Kind, diese Erfahrung machen kann. Stellen Sie vorab sicher, dass das autistische Kind es schafft, mitzumachen und in den Kreis zu tre-ten. Ansonsten können Sie mit einem Vertreter arbeiten, z. B. sei-nem Stofftier. Lassen Sie die Kinder selbst zu Wort kommen. Jedes Kind tritt in den Kreis und sagt, was es mag oder nicht mag. *„Ich male gern."* oder *„Ich esse keinen Spinat"* Die Kinder, denen es ge-nauso geht, treten daraufhin in den Kreis.

Ich habe diese Übung auch schon auf meinen Veranstaltun-gen gemacht, besonders dann, wenn sich das Publikum untereinan-der nicht kannte. Es hat nicht nur gezeigt, dass wir tatsächlich viel mehr gemeinsam haben als uns trennt, sondern hat allen Riesen-spass gemacht und für eine allgemeine Entspannung gesorgt. Es hat die ersten Brücke des Tages gebaut und damit eine gute Basis für weitere Begegnungen geschaffen.

Noch eine Buchempfehlung: Irgendwie Anders von Kathryn Cave (1994 Oetinger Verlag, ISBN 978-3789163524) ist ein ganz wunder-bares Buch zum Thema Toleranz des anderen in seinem Anderssein.

Ein wichtiger Aspekt ist die Aufklärung der Kinder über Not-fallsituationen. Was passiert, wenn das autistische Kind einen Melt-down, Overload oder Shutdown hat? Wie müssen sich die Kinder verhalten, wenn das Kind auto- oder fremdaggressives Verhalten zeigt oder auf andere Art und Weise nicht mehr einschätzbar ist? Er-klären Sie diese Besonderheiten im Verhalten des autistischen Kin-des. Alle müssen wissen, wie so ein Notfall aussehen kann. Trotz-dem wird es den Kindern Angst machen. Kinder sind empathische

Wesen und wollen helfen. Umarmen, trösten oder das Lieblings-
spielzeug anbieten, führt bei einem autistischen Kind in einer Aus-
nahmesituation selten zum erhofften Erfolg. Sie kennen die anderen
Kinder genau und wissen, was sie ihnen hinsichtlich der Aufklärung
über solche Stressmomente zumuten können. Wichtig ist, je ruhiger
alle Beteiligten bleiben, desto mehr helfen sie dem autistischen
Kind.

Meine Tipps für eine gute Nachbereitung solcher Notfallsituationen:

Erklären Sie den Kindern,
      was passiert ist.
      warum es passiert ist.
      was sie tun können, um dem autistischen Kind in der
      Situation und danach zu helfen.
      dass niemand an der Situation schuld ist.
Fragen Sie die Kinder,
      wie es ihnen damit geht.
      was sie in solchen Situationen brauchen.
      was sie danach brauchen.
      ob sie Fragen haben

Wie schaffe ich es, dass die anderen Kinder die ungewöhnliche Verhaltensweisen (Zucken, Atmen, langsames Sprechen) des autistischen Kindes tolerieren?

Kurzantwort: Klären Sie die Kinder zu diesen Besonderheiten des
autistischen Kindes und den Ursachen auf. Besprechen Sie Strategien für den Umgang mit diesem anderen Verhalten.

Lange Antwort: Sie müssen versuchen, die Verhaltensweisen, die
für die anderen Kinder eventuell nicht nur beängstigend sind, sondern von ihnen als seltsam und unhöflich wahrgenommen werden,

zu erklären und so Verständnis für dieses Verhalten zu schaffen. Sehen Sie dazu meine Antwort auf die vorherige Frage. Arbeiten Sie mit den Kindern zusätzlich zu Carol Grays Übungen, heraus, wie sie das Verhalten des autistischen Kindes wahrnehmen. Warum ist es für sie beängstigend? Zeigen Sie den Kindern, warum sie in der Lage sind, das Verhalten anderer Menschen sicher zu erahnen. Bei autistischen Menschen gelingt ihnen das weniger und deshalb sind autistische Menschen nur schwer einschätzbar. Das macht Angst.

Sobald man aber den Grund ihrer anderen Verhaltensweisen kennt, wird die Angst weniger. Man kann Verständnis entwickeln und dem Menschen anders begegnen. Versuchen Sie immer wieder Gemeinsamkeiten aufzudecken, um Brücken zueinander zu bauen.

| Merke: | Jeder von uns ist einzigartig. Jeder ist besonders. |

Arbeiten Sie die Besonderheiten jedes einzelnen Kindes heraus. Anders sein ist nichts Schlimmes. Achten Sie darauf, dass Sie die Kinder nicht überfordern. Inklusion eines Einzelnen darf niemals auf den Schultern von anderen ausgetragen werden. Hören Sie den anderen Kindern zu. Lassen Sie sie ihre Sorgen vortragen, beantworten Sie Fragen rund um das Verhalten des autistischen Kindes. Was stört sie? Ist es die Intensität, die Dauer der Geräusche oder Bewegungen des autistischen Kindes? Nehmen Sie die Kinder ernst. Besonders bei der Geräuschbelastung sollten Sie ein offenes Ohr für sie haben. Unsere Ohren können sich im Gegensatz zur Nase, die sich nach und nach an unangenehme Gerüche gewöhnen kann, nicht an als störend empfundene Geräusche anpassen. Seien Sie offen für alle Vorschläge und suchen Sie dann gemeinsam nach Lösungen.

Merke: Wenn es gelingt, die Kinder zur Empathie zu befähigen, können sie sich besser in das autistische Kind hineinversetzen und eine andere Einstellung zu den Verhaltensweisen entwickeln.

Schauen Sie hinsichtlich des Sitzplanes der Gruppe oder Klasse, welche Kinder die verschiedenen Verhaltensweisen des autistischen Kindes am wenigsten stören. Ändern Sie den Sitzplan dementsprechend. Kinder, die von den Zuckungen irritiert sind, sollten vor dem autistischen Kind sitzen. Des weiteren können Sie den Kindern verschiedene Hilfsmittel anbieten.

Meine Tipps zu Hilfsmitteln für Geräuschreduzierungen:

Gehörschutzkopfhörer können helfen, Geräusche, die das autistischen Kindes macht (z.B. geräuschvolles Atmen) während der Zeiten auszublenden, in denen die Kinder konzentriert arbeiten müssen oder wollen
Trennwände schirmen sowohl visuell als auch auditiv ab
spezielle Wandpaneele und Deckenabsorber schlucken Geräusche und sorgen für ein besseres Miteinander (gibt es mittlerweile im Baumarkt)
Teppichböden absorbieren Geräusche von Stühlen, Füßen oder fallenden Objekten
Korkpinnwände reduzieren Nachhall und können zugleich als Deko oder Infoboard genutzt werden

Autistische Kinder haben oft kein oder wenig Gespür dafür, wie es anderen Menschen in ihrem unmittelbaren Umfeld geht. Ganz sicher müssen Sie hier viel Aufklärung betreiben und dem autistischen Kind das Konzept der Fremdwahrnehmung näher bringen. Mehr dazu in der Antwort auf die nächste Frage.

Ein Beispiel: Arbeiten Sie mit einer Lärmampel. So können Sie den Geräuschpegel in der Gruppe oder Klasse für alle sichtbar machen. Lärmampeln gibt es in verschiedenen Ausführungen, mit einstellbaren Lärmstufen, so dass die Ampel an die Größe der Gruppe und des Raumes angepasst werden kann.

Dieses simple Hilfsmittel kann einem autistischen Kind wirklich gute Dienst erweisen, da es visuell kontrollieren kann, ob es zu laut ist oder nicht. Auch die anderen Kinder können sehen, wann es in ihrer Gruppe/Klasse zu viel Lautstärke gibt. Sie werden sich ihrer auditiven Wahrnehmung bewusster und können darauf reagieren.

Wie kann ich einem autistischen Kind (7) das Thema Autismus näher bringen? (z.B. eigene Kräfte einschätzen)

Kurzantwort: Das ist wichtig, aber nicht Ihre Aufgabe. Wenden Sie sich an die Eltern und ein Autismus-Beratungs- oder Therapiezentrum.

Lange Antwort: Als Lehrer: in oder Erzieher: in sind Sie nicht dafür verantwortlich, einem autistischen Kind seinen Autismus zu erklären. Es ist jedoch wichtig, autistische Kinder einerseits über ihren Autismus, als auch über die nicht-autistische Wahrnehmung ihrer Umgebung aufzuklären. Wenn Sie glauben, dass dies in Ihr Ressort fällt, beginnen Sie damit, herauszufinden, wie es um die Fremdwahrnehmung des Kindes bestellt ist. Wie schon in der vorherigen Antwort erwähnt, fehlt vielen autistischen Kindern die Fähigkeit, sich in ihre Umgebung hineinzuversetzen. Das Kind hat vielleicht Andere-Wahrnehmung, das heißt, es weiß, dass es ein Gegenüber gibt, und es kann dieses Du wahrnehmen. Vielleicht kann es seine Selbstwahrnehmung so gut regulieren, so dass es sich sicher in die Begegnung mit anderen Kindern begeben kann und Freude daran hat.

Aber eventuell fehlt ihm, wie vielen Autist: innen, die Fähigkeit zur Fremdwahrnehmung. Dann wird es das Verhalten anderer Menschen nicht erahnen und vielleicht auch nicht deuten können. Genauso wenig kann es die Konsequenzen seines eigenen Verhaltens erahnen oder einschätzen. Bei vielen autistischen Menschen ist die Fähigkeit zur Theory of Mind eingeschränkt. Das bedeutet sie haben keine oder nur eine geringe Idee vom Model des Geistes ihrer Mitmenschen. Sie wissen und ahnen nichts von den mentalistischen Zuständen, wie Gefühlen, Wünschen, Ideen, Erwartungen, Ansichten und Absichten anderer Menschen. Ihnen fehlt damit genau jenes Wunderwerkzeug, dass das soziale Miteinander ermöglicht. Es gibt einen Test, um die Fähigkeit zur Theory of Mind zu testen.

Der Smarties-Test:

Dem Kind wird eine Smarties-Tube gezeigt. Es gefragt, was in der Tube ist. Es wird antworten: Smarties. Nun wird die Tube geöffnet und das Kind sieht, dass da ein Stift darin ist. Der Stift wird wieder in die Tube gesteckt, diese verschlossen und das Kind folgendes gefragt: 1. Als du die Smarties Tube gesehen hast, was dachtest du, was drin ist? 2. Wenn wir diese Smarties-Tube deiner Mama (oder einer Person, die nicht anwesend ist) zeigen und sie fragen, was in der Box ist, was wird sie sagen?
Antwortet das Kind beide Male mit „Smarties", hat es den Test bestanden. Es kann sich schon sehr gut in andere Menschen hineinversetzen und erahnen, was diese wissen können und was nicht.
Nicht-autistische Kinder haben bereits im Alter von 3-4 Jahren ein gutes Verständnis mentalistischen Zuständen anderer entwickelt.
Es ist wichtig, dass autistischen Kindern die Konsequenzen ihres Verhaltens verdeutlicht werden. Nur so können viele von ihnen verstehen lernen, warum die anderen Kinder so reagieren, wie sie es tun. Und warum die Reaktionen oftmals anders sind, als es das autistische Kind erwartet. Erst dann haben autistische Menschen die Chance, ihr Verhalten aus der Sicht des Gegenübers wahrzunehmen. Hat dieses Verhalten eine Konsequenz, die sie nicht haben möchten, können sie daran arbeiten, ihr Verhalten zu ändern.
In Ihrem Fall (Kräfte einschätzen) sollten Sie damit beginnen, dass das Kind seine Kräfte kennenlernt. Kräfte haben ist eine Stärke, aber es kommt immer darauf an, wie man diese Kräfte einsetzt.

Wenn das Kind wenig oder keine Fremdwahrnehmung bzw. Theory of Mind hat, sich also nicht in andere Kinder hineinversetzen kann, kann es nicht erahnen, dass es die Kinder womöglich zu derb anfasst oder zu doll schubst. Kräfte einschätzen lernen, heißt sich selbst einschätzen lernen.

Merke: Sie müssen zuerst die Wahrnehmung des autistischen Kindes verändern, bevor Sie am Verhalten arbeiten können.

Alles, was mit dem eigenen Selbst zu tun hat, ist bei vielen autistischen Menschen problematisch, weshalb sehr individuell und bedacht vorgegangen werden muss. Um dem autistischen Kind die Regeln im Umgang miteinander, aber auch die Reaktionen (Verhalten, Gefühle, Gedanken) des Gegenübers, zu verdeutlichen, können Sie mit kleinen Geschichten arbeiten. Je nach Kind müssen Sie die Geschichten anpassen. Sie müssen prüfen, was und wie das Kind versteht. Das Alter spielt da oft eine untergeordnete Rolle.

Kräftemessen, wie Ringen und Raufen, sieht häufig ziemlich gefährlich aus, ist aber ein wertvolles und entwicklungsförderndes Verhalten. Will das Kind seine Kräfte an anderen ausprobieren, sollten unbedingt Regeln aufgestellt werden.

Meine Tipps für Regeln für Kräftemessen:

Das autistische Kind muss die Regeln verstehen können.
Konsequenzen bei Nichtbefolgung müssen bekannt sein.
Es gilt grundsätzlich das Prinzip der Freiwilligkeit.
Alle sind Partner – es gibt keine Gegner!
Alles, was wehtut, ist verboten.
Das gilt für die eigene Person als auch für den anderen.
Jede: r hat das Recht, das Kräftemessen jederzeit zu beenden.
Es wird vorher ein Zeichen dafür ausgemacht.
Dieses Zeichen wird von allen respektiert.

Elijahs Beispiel : Elijah ist jetzt 19 Jahre alt, aber das bedeutet nicht, dass er die Welt um sich herum so wahrnimmt und versteht, wie ein Mensch dies in diesem Alter tut. Er weiß nicht, wie viel Kraft er hat. Nur sein Körper ist mittlerweile 19 Jahre alt, aber alle anderen Ebenen sind in ganz unterschiedlichen Entwicklungsphasen.

Wichtig ist, dass Sie dem Kind die Konsequenzen seines Handelns so darlegen, dass es sie verstehen kann. Bei manchen Kindern reichen vielleicht Gespräche dazu aus, andere benötigen Bildgeschichten, um nachvollziehen zu können, was in der jeweiligen Situation passiert ist. Kann das Kind nicht gut mit Selbstwahrnehmung umgehen, lassen Sie einen Lieblingshelden des Kindes die Situationen erleben. Die Bildgeschichten könnten dem Kinde mit alternativen Entscheidungen und den jeweils folgenden Konsequenzen zeigen, wie es die Reaktion des Gegenübers bekommt, die es gern haben möchte.

Nach dem Motto: *„Willst du das?"" Nein." Dann musst du es so machen"* Ich bin mir sicher, dass Elijah, könnte er verstehen, wie sein Verhalten auf andere wirkt und was dies bei ihnen auslöst, versuchen würde, einiges anders zu machen. Vorausgesetzt natürlich, dass er die Fähigkeit hat, sein Verhalten aktiv zu beeinflussen. Wir arbeiten weiterhin an seiner Wahrnehmung, um von außen Einfluss auf sein Verhalten zu nehmen.

Sollte es bei dem autistischen Kind der Fall sein, dass es angestaute Energien freisetzen muss, dann geben Sie ihm Raum und Möglichkeit dafür. Ein Toberaum, wo Schaumstoff-Bausteine geworfen werden dürfen oder ein Boxsack in einer Ecke. Schauen Sie genau, was das Kind braucht. Wie kann es diese Energie am besten loswerden? Selbst einen Pappkarton zertreten kann beim Dampf ablassen helfen. Ein Trampolin bietet die Möglichkeit, Stress abzubauen und gleichzeitig werden beim Hüpfen Endorphine freigesetzt. Dies führt zu einer zusätzlichen Verbesserung der Stimmung und zur Entspannung. Probieren Sie aus, was für das autistische Kind funktioniert. Wenn es nicht klappt, dann wissen Sie wenigstens, was nicht funktioniert. Bleiben Sie dran! Tauschen Sie sich mit anderen aus.

Wie kann man Verständnis der KiTa/Schule für Autismus erreichen/verbessern und eine größere Akzeptanz bei Erzieher: innen/Lehrer: innen erreichen?

Kurzantwort: durch Ursachensuche in offenen und ehrlichen Gesprächen

Lange Antwort: Vielen Menschen fällt es schwer, andere Menschen in ihrem Anderssein zu akzeptieren. Ich denke, dass die fehlende Akzeptanz sehr viel mit der Selbstakzeptanz zu tun hat.

> Ein Beispiel: Wir suchen immer nach Gemeinsamkeiten und finden sie! Wenn wir im Urlaub auf Menschen aus unserem Heimatland treffen, freuen wir uns mehr als normal darüber und sind wir fast sofort Freunde. Zuhause dagegen würden wir genau diese Menschen nicht ansprechen, sondern an ihnen vorbei gehen. Schließlich haben wir dort uns vertraute Menschen, die uns noch mehr ähneln. Im Ausland reicht es aus, wenn man die gleiche Nationalität hat, zuhause zählen andere Gemeinsamkeiten. Wir sind Herdentiere.

Erst, wenn ich mich selbst so akzeptiere, wie ich bin, kann ich dies mit anderen Menschen tun, besonders, wenn diese anders sind als ich selbst. Wir tendieren dazu uns mit Menschen zu umgeben, die uns ähneln. Das ist evolutionär bedingt und hat unser Überleben abgesichert.

Versuchen Sie mit Ihren Kolleg: innen ins Gespräch zu kommen. Fragen Sie, woran es liegt, dass wenig Akzeptanz oder viel Abwehr gegenüber autistischen Kindern da ist. Hören Sie zu, um zu verstehen, nicht um etwas zu erwidern. Wenn Sie die Gründe für die fehlende Akzeptanz finden, sind Sie der Lösung einen großen Schritt näher. Oft ist es Angst vor Unbekanntem, die Menschen in die Vermeidung oder Ablehnung drängt. Ist dies der Fall sein, können Gespräche oder eine Weiterbildung zu Autismus helfen, genau diese Angst abzubauen. Unsicherheiten im Umgang mit autistischen Menschen führen dazu, dass Menschen Begegnungen scheuen, aus Angst, etwas falsch zu machen.

Elijahs Beispiel: Elijah, der non-verbal ist, wurde ganz selten von anderen Menschen, z.B. Menschen, die uns besucht haben, inklusive Familienmitgliedern, begrüßt oder angesprochen. Viele taten so, als wäre er gar nicht da. Geschenke wurden mit den Worten *„Das ist für Elijah."* an mich übergeben, obwohl der Junge neben mir stand. Er kann sehen und hören. Sie hatten Angst vor der Begegnung mit ihm. Sie konnten ihn nicht einschätzen. Ihre Theory of Mind funktionierte bei Elijah nicht. Aber anstatt nachzufragen oder zu versuchen, in Kontakt mit ihm zu kommen, vermieden sie die Begegnung und ignorierten ihn. Das war schlimm für Elijah, denn er liebt Begegnungen mit anderen Menschen. Er geht sie anders an, aber er bemüht sich immer in Kontakt mit anderen zu kommen.

Hier braucht es noch viel Akzeptanz für sein Anderssein. Es gab aber auch Situationen, da haben Menschen, die nichts von Elijahs Autismus wussten, ihn so angesprochen, wie sie jeden anderen angesprochen hätten. Sie hatten und haben damit überraschende Erfolge.

Noch ein Elijah Beispiel: Neulich kam eine neue Mitarbeiterin in die Wohngruppe und fragte Elijah, der allein auf dem Sofa saß, ob denn keiner da wäre. Elijah antwortete: *„Keiner da."* Die Mitarbeiterin hat das nicht weiter gewundert, denn sie wusste nicht, dass er „eigentlich" nicht spricht.

Bereiten Sie die Betreuung/Beschulung des autistischen Kindes rechtzeitig und gut mit allen Beteiligten vor. Das wichtigste Hilfsmittel für einen autistischen Menschen sind andere Menschen.

Merke: Wenn die Menschen im unmittelbaren Umfeld unsicher sind, Angst haben und die Begegnung ablehnen, werden sie zum größten Stressor eines autistischen Menschen.

Das muss Ihnen als Einrichtung bewusst sein. Wenn es in Ihrem Team solche unsichere Mitarbeiter: innen gibt, sollten diese auf keinen Fall Kontakt mit dem autistischen Kind haben. Sie können Ihre Einrichtung noch so Autismus freundlich gestalten, wenn Sie im Team kein oder zu wenig Verständnis und Akzeptanz hinsichtlich der Beschulung des autistischen Kindes haben, haben Sie den Stressor Nummer 1 an Bord und das Schiff wird kentern. Am schmerzhaftesten wird dies für das autistische Kind sein. Also bitte ich Sie, machen Sie zuerst Ihr Team Autismus fit, bevor Sie die nächsten Schritte angehen.

Ich glaube, dass der Weg zur Akzeptanz, die zur Inklusion führen wird, bei der Selbstakzeptanz beginnt. Natürlich kann man eine Behindertenrechtskonvention und ein Bundesteilhabegesetz verfassen und als gültig erklären, aber man kann keinen Menschen per Gesetz zur Akzeptanz zwingen.

Akzeptanz kommt von Herzen und beginnt bei jedem Menschen genau dort. Selbstakzeptanz ist die wichtigste Voraussetzung, um ein glückliches Leben führen zu können. Jeder Mensch muss einen guten Zugang zu seinem Selbst haben, welches sich hinter der Ich-Maske befindet, die wir für ein gutes Miteinander und um uns zu schützen aufsetzen. Autistischen Menschen fehlt diese Ich-Maske oft. Sie sind immer Selbst. Bei vielen nicht-autistischen Menschen dagegen sitzt die Ich-Maske so fest, dass sie keinen Zugang mehr zu ihrem Selbst haben. Den meisten Menschen fehlen notwendige Rückzugsorte, an denen sie sich sicher genug fühlen, um die Ich-Maske abzunehmen und in Kontakt mit ihrem Selbst kommen zu können. Selbstliebe, Selbstbewusstsein, Selbstwert, all das bildet die Basis für ein sicheres Erwachsenendasein.

> Merke: Wenn wir uns nicht selbst lieben, können wir andere nicht lieben.

Die Liebe von Partner: innen oder Kindern ist nur ein Bonus. Die Liebe, die wir brauchen, um uns wirklich wohl und geliebt zu fühlen, ist die Selbstliebe. Ich möchte Sie nun einladen, zu testen, ob Sie sich wirklich so akzeptieren, wie Sie sind. Machen Sie den Test aber nur an einem Tag, an dem es Ihnen wirklich gut geht und bitte nicht in der Gegenwart anderer, sondern wenn Sie allein sind.

Mein Spiegeltest:

Stellen Sie sich vor einen großen Spiegel und legen Sie alle Masken ab, die Sie tragen. Das ist nicht einfach. Schon beim Ablegen der Kleidung werden sich einige von Ihnen unwohl fühlen. Bleiben Sie dran. Es geht nicht um Ihren Körper. Es geht um Ihr Selbst. Der Körper ist doch auch nur eine Maske. Eine, die wir uns nicht selbst aussuchen konnten und mit der viele von uns unzufrieden sind. In den Medien werden uns schließlich andere Körper als ideal präsentiert. Der beste Körper ist jedoch der, den Sie haben. Nun zu den anderen Masken. Brille runter, Ohrringe und anderen Schmuck ablegen ist nicht schwer. Abschminken geht schnell und einfach. Schauen Sie sich lange im Spiegel an. So lange bis Sie Ihr Selbst sehen und nicht den Körper. Schauen Sie sich tief in die Augen oder in die Seele, dort wartet Ihr Selbst auf Sie. Sie werden spüren, wenn Sie es sehen. Es mag kein schönes Gefühl sein, aber es ist wichtig, dass Sie Ihr Selbst aushalten. Das sind Sie! Wenn Sie dieses Gefühl wahrnehmen, sagen Sie laut und deutlich Ihren Vornamen und sagen sich selbst, dass Sie sich so lieben, wie Sie sind. Nun meine Frage: Können Sie das? Lieben Sie sich so, wie Sie wirklich sind? Mit allem Drum und Dran? Mit dieser dunklen Seite, die Sie hinter Ihrer Ich-Maske verbirgt?

Merke: Während dieser Übung wird Ihre Selbstwahrnehmung in die Höhe fahren. Bei autistischen Menschen passiert dies viel rasanter, heftiger und öfter. Unter anderem deshalb, weil ihnen eine verlässliche ICH-Maske fehlt. Die Übung dient also auch einem Perspektivwechsel, um sich in autistische Menschen hineinversetzen zu können. Prädikat: doppelt wertvoll!

Es ist nicht schlimm, wenn Ihnen der Spiegeltest noch nicht gelingt. Übung macht den Meister. Der Weg zur Selbstakzeptanz ist kein leichter, aber ein lohnenswerter und notwendiger Weg. Vergessen Sie den großen Spiegel und behalten Sie am Anfang die Masken an, aber bleiben Sie dran.

Mein Tipp: Bei mir können Sie einen Taschenspiegel für 1€ erwerben, der mit der Garantie kommt, dass Sie in diesem Spiegel die wertvollste Person sehen, die es gibt! Bestellungen bitte unter www.bareface.jimdofree.com.

Beginnen Sie mit dem kleinen Spiegel und suchen Sie sich eine Stelle, die Sie an sich sehr mögen. Es wird Teil einer Ihrer Masken sein, aber das ist anfangs egal. Kleine Schritte. Begeben Sie sich von dort auf die Reise zu sich Selbst. Danke.

Raum für Notizen, Gedanken und Fragen:

Kapitel 5   5 Fragen zu Sozialer Interaktion

„Man kennt nur die Dinge, die man zähmt", sagte der Fuchs. "Die Menschen haben keine Zeit mehr, irgend etwas kennenzulernen. Sie kaufen alles fertig in den Geschäften. Aber da es keine Kaufläden für Freunde gibt, haben die Leute keine Freunde mehr. Wenn du einen Freund willst, so zähme mich!"

Der Kleine Prinz

Wieso kommt es zu dem unangepassten Sozialverhalten?

Kurzantwort: weil nur auf eine verzerrte Wahrnehmung der Situation reagiert werden kann und zusätzlich die Fremdwahrnehmung fehlt

Lange Antwort: Unser Verhalten ist immer eine Reaktion auf unsere Wahrnehmung. Wir sehen, hören, riechen, schmecken und (er)tasten alle das Gleiche, aber nehmen es ganz unterschiedlich wahr. Bei autistischen Menschen kommt es aus den verschiedensten Gründen zu einer Art Wahrnehmungsverzerrung. Daraus resultiert das andere, unerwartete und oft unpassende Sozialverhalten. Um zu verstehen, warum Autist: innen so extrem anders reagieren, müssen wir uns das Gehirn näher anschauen. Dort entsteht Wahrnehmung. Autismus ist keine psychische Erkrankung, sondern eine neuronale Besonderheit. Aber Autismus kann durchaus eine Reaktion auf eine psychische Belastung sein.

Merke: Wir können nur auf unsere Wahrnehmung reagieren, nicht auf die Realität. Wir wissen nicht einmal, was die Realität ist. Vermutlich ist sie im Gegensatz zu Wahrnehmung für jeden von uns gleich.

Durch Wahrnehmungsverzerrungen kommt es, nicht nur bei Autismus, zu Reaktionen, die der sozialen Situation nicht angepasst sind. Oftmals ist es eine der drei Überlebensreaktionen: Flucht, Kampf oder Starre. Diese Reaktionen werden von der Amygdala (auch Mandelkern genannt), dem emotionale Zentrum unseres Gehirns, ausgelöst, sobald diese eine Gefahr wahrnimmt. Bei autistischen Menschen schätzt die Amygdala viele ungefährliche Situationen als potenziell gefährlich ein. Dann gibt es nur die Möglichkeit von Flucht, Kampf oder Starre.

Sie kennen solche Reaktionen, haben Sie das selbst schon erlebt oder bei anderen beobachten können. Menschen reagieren in (potenziell) gefährlichen Situationen sehr unterschiedlich, auch wenn die Situationen sich ähneln bzw. deckungsgleich (Realität) sind.

Ein Beispiel: Steht plötzlich ein Tiger vor Ihnen, entscheidet Ihre Amygdala blitzschnell, dass dies für Sie ziemlich gefährlich ist. Sie kappt die Verbindung zum präfrontalen Cortex, wo u.a. Ihre Handlungsplanung und Logik sitzt, denn jetzt zählt nur das Überleben. Sie selbst sind an all dem nicht mehr beteiligt. Sie schauen weiterhin den Tiger an, ohne dass Ihnen wirklich bewusst wird, was gerade passiert. Die Amygdala reagiert und entscheidet unheimlich schnell, welche Reaktion für Sie am erfolgreichsten sein könnte. Sie wählt eine der drei Überlebensstrategien: Flucht, Kampf oder Starre.

In einer Gefahrensituationen reagieren Menschen unterschiedlich, weil sich unsere Wahrnehmung der Situation unterscheidet. Obwohl die Amygdala eine ausgezeichnete Schülerin ist, gut aufpasst und immer dazu lernt, macht dennoch sie Fehler, das heißt, sie irrt sich.

Noch ein Beispiel: Sie gehen im Wald spazieren und sehen eine Schlange. Sie springen zur Seite, fallen vielleicht hin oder rempeln Ihre Begleitung an. Sie entschuldigen sich und realisieren, dass es keine Schlange ist, sondern nur ein Stock. Der sieht fast wie eine Schlange aus. Wenn man genau hinschaut, sieht man, dass es ein Stock ist. Bei jeder potenziellen Gefahr bekommt die Amygdala die Information sehr schnell, aber verkürzt und oft ungenau. Hier reagiert sie mit Flucht und lässt Sie zur Seite springen. Obwohl Sie sich erschrocken haben, vielleicht gestürzt oder Ihrer Begleitung auf den Fuß getreten sind, sind Sie froh, dass Ihre Amygdala so reagiert hat. Es hätte eine Schlange sein können! Sie selbst haben aber nicht bewusst mitbekommen, dass der Stock als Schlange wahrgenommen wurde. Dafür ist alles es viel zu schnell gegangen. Erst hinterher präsentiert Ihnen Ihr Gehirn das Ganze so, als hätten Sie es von Anfang an bewusst miterlebt. Sie meinen eine bewusste Entscheidungen getroffen zu haben. Aber das stimmt nicht. Bewusstes Denken ist viel zu langsam und für Situationen, in denen es ums Überleben geht, absolut nicht geeignet. Der Cortex ist deshalb heilfroh, dass die Amygdala übernimmt und handelt.

Bei autistischen Menschen irrt die Amygdala sich bei ganz vielen Dingen. Sie bewertet ungefährliche Reize als gefährlich und löst eine Überlebensreaktion aus. Weder Flucht, Kampf noch Starre sind adäquate Reaktionen in ganz normalen Alltagssituationen.

Elijahs Beispiel: Elijah reagierte lange Zeit mit einer Starre Reaktion, die, weil er dabei die Augen schloss, einem Schlaf zu gleichen schien. Irgendwann kam er da wieder raus. Nahm er die Situation weiterhin als gefährlich wahr, verfiel er sofort wieder in seine Starre. Später zeigte er Kampfreaktionen. Er schlug sich, wenn er nur angeschaut wurde. Sie erkennen hier die verzerrte Wahrnehmung, die Gefahrenmeldung und Reaktion der Amygdala. Heute flüchtet er, wenn es für ihn gefährlich wird. Das haben wir trainiert, da es besser ist als eine Kampfreaktion. Trotz alledem liegt sein Kopfschutzhelm immer in Reichweite, denn niemand weiß, wann ihm seine Wahrnehmung wieder einen Strich durch die Rechnung macht und die Amygdala die falsche Entscheidung trifft.

Bei mir reagierte die Amygdala Jahrzehnte lang mit Flucht bzw. Kampf Reaktionen. Ich reagierte auf ungefährliche, ganz normale und alltägliche Situation so, wie Sie auf den Tiger reagieren würden.

Mein Beispiel: Meine Tiger waren und sind es zum Teil immer noch: Menschen, Blickkontakt, Ansprachen, Gespräche, Händeschütteln, Geräusche, Gerüche, Bewegungen, Türen, Veränderungen, Leerlauf, Namen, Konflikte (auch anderer Menschen), Teamwork, Witze, Regeln, Small Talk, Essen, Entscheidungen, Lärm, Ortswechsel, Stille, Fehler, Warten, Zuhören, Dialoge, Sprichwörter, Begrüßungen, Fragen, Lachen, Verabschiedungen und vieles mehr.

Sie können sich vorstellen, wie mein Umfeld reagiert hat, wenn ich auf ein gut gemeintes *„Hallo, wie geht´s?"* wie aus dem Nichts mit Flucht oder Kampf reagiert habe. Oft haben meine Mitmenschen nicht einmal gewusst, welcher Reiz dieses Verhalten ausgelöst hatte. Sie sahen mein Benehmen, glichen es mit ihrer Erwartungshaltung ab und ich war raus.

Ich wurde als unhöflich, unerzogen, arrogant, jähzornig, ungezogen, aggressiv und asozial bezeichnet und konnte nichts dagegen tun.

Merke: Auch wenn die Reaktion des autistischen Kindes sozial inadäquat und unerwartet ist, ist es doch die richtige Reaktion auf eine verzerrte und oft falsche Wahrnehmung einer Situation. Sie erleben die Situation anders und deshalb verhalten Sie sich anders.

Die Ursachen für diese verzerrte Wahrnehmung reichen von einem Defekt im SCN2A Gen bis hin zu allen möglichen Traumata.

Merke: Autismus ist eine Reaktion auf etwas, nicht die Ursache.

Ich sehe Autismus mittlerweile als einen Kompensationsstrategie. Das Spektrum Mensch ist ein so großes, weil jeder einzelne von uns seine eigene Wahrnehmung hat, seine ganz eigenen Erfahrungen macht und durch seine individuelle Umgebung und Umstände geprägt wird. Menschen, die eine Autismus Diagnose erhalten, zeigen am deutlichsten, was passiert, wenn einem Menschen etwas zustößt, das er mit den gängigen Strategien nicht bewältigen kann. Nur bei ganz wenigen Autist: innen sind, wurde bisher ein Defekt im SCN2A Gen nachgewiesen. Es ist unabdingbar, dass wir auf die Suche nach der Ursache gehen. Ich denke, dass das ein entscheidender Schritt in Richtung Hilfe und einem besseren Leben für autistische Menschen ist. Für Elijah können wir nur wenig tun, denn ein Gen Defekt kann (noch) nicht repariert werden, aber bei anderen Ursachen, kann eine ganze Menge getan werden.

> Merke: Autistische Menschen sind nicht krank, sondern eine interessante, wenn auch sehr extreme, Normvariante.

Das inadäquate Sozialverhalten rührt zum Teil daher, dass autistische Menschen keine oder nur wenig Fremdwahrnehmung haben. Sie können sich in komplexen Situation oder Gruppen nicht zurechtfinden, weil ihnen die Fähigkeit fehlt, zu erahnen, was ihr Gegenüber als Nächstes tun wird. Oft ist ihnen nicht bewusst, worin ihr Nachteil besteht und es fehlen Strategien, um genau diesen auszugleichen. Deshalb ziehen sie sich zurück. Nicht, weil sie in ihrer eigenen Welt sein wollen, sondern weil sie die Teilhabe an der Gemeinschaft nicht schaffen. Dieser Rückzug ist eine Schutzreaktion und die wohl traurigste Kompensationsstrategie, die es gibt. Dazu gehe ich auch in meiner Antwort auf die nächste Frage näher ein.

Warum zieht sich das autistische Kind immer wieder „in sich zurück" und wie kann ich helfen?

Kurzantwort: Es ist überfordert und hat keine adäquaten Kompensationsstrategien. Finden Sie die Ursachen für den Rückzug.

Lange Antwort: Autistische Kinder kommen schnell an ihre Grenzen. Je weniger funktionale Kompensationsstrategien sie haben, desto eher gehen sie in die Vermeidung. Sie müssen den Rückzug antreten. Das ist ihre einzige Strategie, um zu überleben.

> Merke: Autistische Menschen ziehen sich nicht zurück, weil sie allein in ihrer eigenen Welt sein wollen, sondern, weil ihnen aufgrund fehlender Strategien die Teilhabe nicht gelingt.

Es gibt mehrere Arten des Rückzuges. Es kann sein, dass das autistische Kind aus der Situation herausgeht und sich einen sicheren Ort sucht, an dem es sich gut regulieren kann. Hat es diese Möglichkeit nicht, kann es zu einem *„In sich zurückziehen"* kommen. Elijah fehlten als Kleinkind auf Grund seines Alters und der Umstände (angeschnallt in Buggy oder Auto) die Möglichkeit, sich physisch aus der Situation herauszunehmen. Einer der Hauptgründe für einen Rückzug in sich selbst hinein, ist eine erhöhte Selbstwahrnehmung. Das eigene Selbst, was nicht durch eine Ich-Maske geschützt ist, ist zu nah an dem autistischen Kind dran. Es ist dem eigenen Selbst hilflos ausgeliefert.

Ein Test: Stellen Sie sich vor, Sie werden unerwartet auf eine große Bühne gestellt und sollen vor Tausenden Menschen ein Lied singen oder tanzen, obwohl Sie das gar nicht können. Unzählige Scheinwerfer sind auf Sie gerichtet und wenn Sie an sich herunterschauen, stellen Sie fest, dass Sie nackt sind. Wie würde sich das für Sie anfühlen?

Allein der Gedanke an solch eine Situation ist für viele schon ziemlich unangenehm und kann dazu führen, dass sie Scham empfinden. Scham entsteht immer im Austausch mit anderen Menschen, aber diese müssen dazu nicht zwingend anwesend sein.

Vielleicht können Sie sich teilweise in das autistische Kind hineinversetzen, wenn Sie Ihr schlimmstes Gefühl des Schämens mit 1000 multiplizieren.

Wussten Sie, dass auch Lob zu Scham führen kann? Dieser erhöhten, jedoch positiven Aufmerksamkeit ausgesetzt zu sein, macht vielen autistischen Menschen sehr zu schaffen, da sie sofort Selbstwahrnehmung auslöst. Hat der Mensch keine Möglichkeiten, diese erhöhte Selbstwahrnehmung zu regulieren, kommt es zu einer Selbstkonfrontation. Diese kann zu einem Meltdown führen, der bei jedem autistischen Menschen anders aussieht.

Elijahs Beispiel: Elijah versucht aus der Situation herauszugehen. Gelingt ihm das nicht, beginnt er sich zu schlagen. Nur so kann er sich wieder zu regulieren und Abstand zu seinem Selbst zu bekommen.

Ohne eine funktionierende Ich-Maske ist ein Scham-Gefühl nicht mehr zu bewältigen. Ein autistischer Mensch hat dann keine andere Wahl, als so weit wie möglich von sich bzw. seinem Selbst weg zu gehen. Räumlich ist das unmöglich, weshalb nur noch der Weg nach innen bleibt. Grund für eine erhöhte Selbstwahrnehmung kann alles sein, was dazu führt, dass sich ein autistischer Mensch seines Selbst bewusst wird.

Mein Beispiel: bei mir waren es : Ansprache, vor allem mit Namen, Blickkontakt, die eigene Stimme hören, Aufmerksamkeit, Lob, Anforderungen, Andere-Wahrnehmung, eigenes Spiegelbild sehen

Ein zweiter Grund für einen Rückzug nach Innen kann eine Reizüberflutung sein. Es ist nachgewiesen, dass autistische Menschen 30% mehr Reize bewusst wahrnehmen. Oft liest man von Detailsehern oder hört von Autist: innen, die sich alles merken können. Inselbegabungen bei der Merkfähigkeit sind allerdings sehr selten. Vielmehr ist es so, dass die Mehrheit der autistischen Menschen sehr unter dieser Flut an Reizen leidet, der sie jede Minute ausgesetzt ist. Viele, besonders Kinder, können nur schwer verbalisieren, was sie da aushalten müssen und warum ihnen das so zu schaffen macht.

Elijahs Beispiel: Bei unserem ersten Besuch im Leipziger Zoo war er von den visuellen, auditiven und olfaktorischen Reizen, die auf ihn einwirkten, so überfordert, dass er sich für mehrere Stunden in sich zurückzog. Er schloss die Augen, so wie es kleine Kinder tun, wenn sie nicht mehr gesehen werden wollen. Es sah aus, als schliefe er, nur war er komplett weg. Nichts und niemand konnte ihn erreichen. Er entschied selbst, wann es für ihn wieder möglich war, aufzutauchen. Später, als er mehr Strategien und eine Reizgewöhnung stattgefunden hatte, konnte er einen Zoo-Besuch durchaus genießen.

Eine reizarme Umgebung ist eine große Hilfe für viele autistische Kinder. Allerdings nur dann, wenn genau geschaut wird, welche Reize das Kind überfordern und welche es eventuell beruhigen.

Elijahs Beispiel: Elijah liebt Bilder jeglicher Art. Für ihn wäre ein weißer Raum ohne jegliche visuelle Reize ein Stressor. Auditiv dagegen ist er rasch überfordert. Auch Gerüche, vor allem Essensgerüche, machen ihm schnell schwer zu schaffen.

Am besten machen Sie an Ihrer Einrichtung einen Wahrnehmungscheck mit dem Kind zu machen. Sprechende Kinder können Sie dazu befragen, was sie in den einzelnen Räumen oder Situation stresst oder überfordert. Bei nicht-kommunizierenden Menschen, wie Elijah, müssen Sie genau beobachten, wie sie in den einzelnen Räumen/Situationen reagieren. Natürlich sollten Sie die Eltern und Bezugspersonen dazu befragen und am besten mit auf den Rundgang nehmen. Auch ein anderer autistischer Mensch kann helfen, um generelle Krisenherde aufzuspüren (große Fenster, unregelmäßige Geräusche der Neonlampen oder Beamer). Verringern Sie die Reize, erweitern Sie die Möglichkeiten des autistischen Kindes zur Teilhabe.

Mit Hilfe einer Liste können Sie sowohl eine reizarme Umgebung für das autistische Kind schaffen, als auch an der Reizgewöhnung arbeiten. Sie werden es nie schaffen, alle Reize zu entfernen. Das Leben ist im wahrsten Sinne des Wortes reizend.

Mein Tipp: Erstellen Sie eine Liste, die Ihnen hilft, zu erkennen, wo die Überforderungen des autistischen Kindes liegen und welche Strategien es selber hat oder braucht.

Wahrnehmung	Reize / Stressoren	Strategien
visuell		
auditiv		
olfaktorisch		
gustatorisch		
taktil		
haptisch		
Körperwahrnehmung		
Selbstwahrnehmung		
Andere-Wahrnehmung Fremdwahrnehmung		

Wichtig ist, dass es einen Rückzugsort für das autistische Kind gibt, den aufsuchen kann, um sich wieder zu stabilisieren. Dies muss kein separater Raum sein (siehe hierzu meine Antwort auf

Frage 4 in Kapitel 5), aber ein für dieses autistische Kind sicherer Ort, der immer zugänglich ist. Eine nur mal kurz abgestellte Tasche auf einem Auszeit-Stuhl, kann dazu führen, dass das autistische Kind den Stuhl nicht mehr annehmen kann. Sie stellen die Tasche einfach runter, aber autistische Menschen tun dies nicht oder eher selten.

> Merke: Ein Rückzug kommt einer Vermeidung gleich und ist somit eine Strategie des Kindes, um die Situation zu bewältigen.

Obwohl in der Situation äußerst effektiv, ist jede Vermeidung immer nur eine kurzfristige Strategie. Langfristig verstärkt sie die Ängste des autistischen Kindes. Irgendwann geht das Kind nicht mehr in eine Situation und es kommt zu einem kompletten Rückzug ohne Wiederkehr.

> Mein Beispiel: Elijah zog sich nach seiner Diagnose mit 3 Jahren komplett zurück. Er reagierte mit Abwehr und autoaggressivem Verhalten, wenn wir das Licht im Zimmer anmachten. Er konnte nur noch allein und im Dunkeln klarkommen. Um ihm eine Chance zu geben, auf seine Weise mit uns zusammen zu leben, holten wir ihn trotz seiner extremen Reaktionen jeden Tag eine Minute länger zu uns. Wir versuchten, seine Stressoren zu beseitigen und passten uns so gut es ging an ihn an. Nach mehreren Monaten gelang es uns schließlich, seine Wahrnehmung von außen so zu beeinflussen, dass ihm die Welt nicht immer nur gefährlich erschien. Lange konnte er dennoch seine Schwestern nicht in selben Raum ertragen. Viel später erst saß er am Fenster und wartete aufgeregt auf ihre Rückkehr aus der Schule und verbrachte viele gute Zeiten mit ihnen. An dieser Stelle ein großer Dank an seine Schwestern Livvy und Alice und all die anderen wunderbaren Geschwister autistischer Kinder!

Wird ein autistisches Kind am Rückzug gehindert oder ist es ihm nicht möglich, sich zurückzuziehen, kann es, wenn es keine anderen Strategien hat, zu Overload, Meltdown oder Shutdown kommen. Mehr dazu in der nächsten Antwort.

Wie erkenne ich, dass das autistische Kind überfordert ist?

Kurzantwort: an seinem Verhalten, aber nur, wenn Sie das Kind richtig gut kennen

Lange Antwort: Um zu erkennen, wann ein autistisches Kind mit einer Situation oder Aufgabe überfordert ist, müssen Sie dieses Kind gut kennen. Je besser Sie das Kind und seine Besonderheiten kennen, das heißt mit seinen Verhaltensweisen kurz vor, während und nach einer Überforderung vertraut sind, desto besser können Sie solch einer Überforderung effektiv vorbeugen.

Wenn Sie die Situation richtig einschätzen können, verhindern Sie, dass daraus Probleme wie Overload, Meltdown und Shutdown entstehen, die für alle Beteiligten, aber besonders für das autistische Kind, nicht nur anstrengend, sondern vor allem sehr beängstigend sind.

Fragen, die Sie den Eltern oder Bezugspersonen unbedingt stellen müssen:

Welche Auslöser oder Stressoren sind bekannt?
Checken Sie, ob es diese an Ihrer Einrichtung gibt.
Können diese beseitigt werden?
Wenn nicht, welche anderen Strategien gibt es?
Wie sieht ein Overload, Meltdown oder Shutdown bei dem autistischen Kind aus?
Was passiert kurz vorher, während und nach der jeweiligen Überforderung?
Woran kann man eventuell erkennen, dass es auf eine Überlastung hinausläuft?

Kann das autistische Kind verständlich kommunizieren, wenn es ihm zu viel wird?
Wenn ja, wie macht es das?
Kann das Kind selbstständig aus einer Stresssituation hinausgehen?
Wenn ja, wohin geht es?
Wie reguliert es sich?
Welche Hilfsmittel benötigt es dazu?

Lesen Sie zu Overload, Meltdown und Shutdown ausführlich in meiner Antwort zu Frage 1 im Kapitel 6. Genau so einzigartig wie unsere Wahrnehmung, so einzigartig sind unsere Besonderheiten und unsere Art, mit Situationen und Problemen umzugehen.

Mein Beispiel: Als Kind war ich in Situationen, in denen es auf eine Überlastung hinauslief, gefangen. Ich konnte mich nicht selbst aus der Situation herausnehmen. Weder in der KiTa noch in der Schule durften Kinder das Zimmer einfach verlassen. Es wäre eine wunderbare Hilfe für mich gewesen, hätte ich durch eine leicht angelehnte Tür in die Garderobe schlüpfen und mich hinter meiner Jacke verstecken können. Da mir die Möglichkeit der Flucht verwehrt war, reagierte ich mit verbalen Kampfansagen und später mit physischen Angriffen. Ich schrie die Kinder an oder versuchte sie wegzuschubsen. Dies war jedoch keine Lösung, sondern führte nur zu noch mehr Stress. Es lenkte noch mehr Aufmerksamkeit auf mich. Meine Selbstwahrnehmung schlug in Selbstkonfrontation um. Ich war wie ein wildes Tier, in einem Käfig gefangen und konnte nicht verstehen, was von mir erwartet wurde. Von allen Seiten wurde auf den Käfig geschlagen. Letztendlich gelang es mir, mich zu befreien, in dem ich mich selbst abschaltete. Von außen wirkte ich abwesend oder eventuell verträumt, aber innen herrschte absolute Leere. Ich konnte die Menschen um mich herum weiter sehen und hören, aber es hatte keine Bedeutung mehr. Irgendwann war auch das weg. Diesen Zustand nenne ich „Kein Selbst-keine Anderen". Es ist wie ein

Schweben im absoluten Nichts. Das Wiederauftauchen ist schwierig, aber notwendig, denn auf die Dauer funktioniert diese Strategie nicht.

Mir hätten Sie eine Überforderung also nicht unbedingt angesehen. Viele haben in mir ein Kind gesehen, das einfach nicht bei der Sache ist. Reagierte ich nicht auf die Aufforderungen, haben sie mit Strafen reagiert, die aber an mir abprallten. Zum Glück war ich ein kluges Kind und konnte mit Wissen punkten und alle Erwachsenen erneut gütig stimmen.

Elijahs Beispiel: Bei meinem Sohn äußert sich eine Überforderung bis heute in einer erhöhten Mobilität. Er läuft und läuft, egal, wie viel oder wenig Raum ihm dafür zur Verfügung steht. Ist kein Platz für Bewegung, beginnt er sich zu schlagen.

Bei manchen Autist: innen können Sie an der Gesichtsfarbe erkennen, dass der Stress ein Limit erreicht hat. Sie werden entweder blass um die Nase oder rot im Gesicht. Wieder andere werden plötzlich still bis hin zu non-verbal. Das kenne ich von mir auch und es ist beängstigend, wenn dies in der Öffentlichkeit passiert. Vor allem, wenn ich vorher noch wunderbar adäquat kommunizieren konnte.

Merke: Jeder autistische Mensch hat ganz eigene Strategien entwickelt, um mit Überforderungen klarzukommen.

Ich habe es schon mehrfach geschrieben: Kennen Sie einen autistischen Menschen, dann kennen Sie nur den einen autistischen Menschen. Also heißt es wieder: begegnen und gut kennenlernen.

Wie helfe ich dem autistischen Kind bei der Kontaktaufnahme zu den anderen Kindern?

Kurzantwort: so, dass es die Hilfe erkennen und annehmen kann

Lange Antwort: Die meisten autistischen Menschen sehnen sich nach Begegnungen mit Mitmenschen. Sie verspüren genauso den Wunsch nach Bekanntschaften, Freundschaften und auch Partnerschaften. Aber vielen Autist: innen fehlen die Werkzeuge, um solche Beziehungen zu ihrer Umgebung aufbauen und pflegen zu können. Es ist keinesfalls so, dass autistische Menschen keine Kontakte wollen. Sie wissen nur nicht, wie man sie herstellt und richtig mit ihnen umgeht.

Mein Beispiel: Ich habe als Kind sehr darunter gelitten, dass ich nicht auf andere Kinder zugehen konnte. Ich wusste nicht, wie und ich hatte ständig Angst. Die Kinder lösten allein durch ihr Dasein eine Andere-Wahrnehmung in mir aus, die zu einer Erhöhung meiner Selbstwahrnehmung führte. Gab es sie, gab es mich und das konnte ich nicht lange aushalten. Im KiTa Alter sagte ich zu meiner Mutter, ich sei allergisch gegen Menschen. Sie lachte, aber es war mein völliger Ernst. Mit nicht einmal 5 Jahren hatte ich erkannt, was bzw. wer mein größter Stressor war. Gleichzeitig wusste ich damals schon, dass ich die anderen Kinder brauchen würde, um weiterzukommen. Sie waren trotz allem mein wichtigstes Hilfsmittel. Ich habe enorm davon profitiert, dass die Kinder, mit denen ich in die Kinderkrippe kam, mich über KiTa bis zum Abschluss der 10. Klasse als eine feste Gruppe begleiteten. Wir hatten Zeit, uns aneinander zu gewöhnen.

Es klappte, aber es hätte noch besser funktioniert, wenn ich Unterstützung von einem Erwachsenen gehabt hätte. Eine Schulbegleitung oder Assistenz kann wahre Wunder bewirken, was die Anbahnung von Interaktionen zwischen autistischen und nicht-autistischen Kindern betrifft. Natürlich immer vorausgesetzt, dass die anderen Kinder über die unterschiedliche Wahrnehmung aufgeklärt sind. Ein: e Schulbegleiter: in ist für viele autistische Kinder das wichtigste Hilfsmittel im KiTa – und Schulalltag. Die Probleme, denen autistische Kinder ausgesetzt sind, sind für ihre nicht-autistische Umgebung auf den ersten Blick nicht erkennbar. Gerade die adäquate Interaktion mit Gleichaltrigen fällt auch Autist: innen schwer, die sehr viele und gute Kompensationsstrategien haben. Schwierigkeiten in der Interaktion und Kommunikation äußern sich immer deutlicher je komplexer die Gruppen und Systeme werden in den autistische Kinder funktionieren müssen. Spätestens am Gymnasium oder Hauptschule beginnt dies aufzufallen.

Autistische Kindern merken es selbst auch, weshalb sich viele noch mehr oder überhaupt zurückziehen. Sie meiden Begegnungen und nehmen nicht mehr an Schul- oder Klassenveranstaltungen teil. Sie wirken desinteressiert, obwohl sie das nicht sind. Sie versuchen genau diesen Eindruck zu erwecken. Sie sagen, Klassenfahrten sind öde und die Schuldisco ist blöd, weil das eher akzeptiert wird, als wenn sie sagen würden, dass sie nicht wissen, wie man daran teilnimmt. Sie haben Angst vor diesen Begegnungen, Angst, dies auszusprechen, Angst nach Hilfe zu fragen. Aus Angst gehen ganz viele autistische Kinder, ich eingeschlossen, diesen Weg.

Merke: Viele autistische Kinder, besonders Asperger Autisten, haben irgendwann gelernt und verinnerlicht, was man können und leisten muss, um Teil der Gemeinschaft zu sein. Sie wissen, dass sie dies nicht schaffen können. Um nicht ausgegrenzt zu werden, schließen sie sich selber aus. Sie gehen weg, bevor man sie wegschicken kann. Es ist schwer, diese Kinder wieder zu erreichen und in ihnen wieder Vertrauen in ihre Mitmenschen aufzubauen.

Wenn Sie mit einem autistischen Kind arbeiten, dass effektiv kommunizieren kann, reden Sie mit ihm. Fragen Sie, ob Sie ihm helfen sollen, in Kontakt mit den anderen Kindern zu kommen.

Fragen, die Sie stellen sollten:

Welche Wünsche und Vorstellungen hat das Kind?
Möchte es mit einem bestimmten anderen Kind Kontakt
aufnehmen oder erst einmal nur Anschluss an die Gruppe
finden?
Möchte es ein aktiver Bestandteil der Gruppe oder
stiller Teilhaber sein?
Was braucht das Kind, um sich in der Gruppe sicherer zu
fühlen?
Welche Hilfsmittel sind vorhanden, welche noch nicht?

Erarbeiten Sie gemeinsam Strategien, wie dies gelingen kann.
In Therapiezentren kann unterstützend an den Fähigkeiten gearbeitet werden, die das Kind für die Interaktion mit Gleichaltrigen benötigt. Unter Anleitung kann hier ganz viel bewirkt werden. Anfangs
wird es vielleicht mechanisch erscheinen, aber ist das nicht bei ganz
vielen neu erlernten Fähigkeiten so?

Elijahs Beispiel: Elijah ist ein stiller Beobachter. Er sucht sich immer
einen Platz etwas weiter weg vom Gruppengeschehen und genießt
seine Teilhabe an der Aktivität aus der Ferne. Auch das ist mittendrin. Es ist Elijahs Mittendrin. Er ist nicht der Stürmer der Fußball-
mannschaft, sondern einer, der sich das Spiel zu Hause anschaut
oder nur den Bericht im Radio hört. Wird ihm diese Art der Teilhabe
ermöglicht, kann er sich ganz vielem öffnen. Die Freude darüber ist
ihm deutlich anzusehen.

Benötigt ein autistisches Kind eine helfende Hand, um mehr
Teilhabe zu erlangen, kann eine Schulbegleitung oder KiTa Assistenz
kann dieses Kind effektiv in der Begegnung mit Gleichaltrigen
begleiten und die Kontaktanbahnung lenken und fördern.
Ein: e Schulbegleiter: in oder KiTa Assistenz kann das autistische

Kind auf Interaktionen vorbereiten, die Erwartungshaltung der nicht-autistischen Kinder erklären und dem autistischen Kind immer wieder kleine Erfolgserlebnisse verschaffen. Vor allem bei der Kommunikation der Kinder miteinander ist es wichtig, das autistische Kind, auch, wenn es sprechend ist, zu unterstützen. Eine Schul- oder KiTa Begleitung ist wie eine besondere Art Dolmetscher, der sowohl dem autistischen Kind die „Sprache" der nicht-autistischen Kinder übersetzt als auch umgekehrt.

Wussten Sie, dass es 660 Dolmetscher, 250 Assistenten und 235 Mitarbeiter, die diese unterstützen, braucht, damit die mehrsprachige Kommunikation im Europäischen Parlament funktioniert. Autistische Menschen brauchen ebenso Assistenz, um die Kommunikation nicht-autistischer Menschen zu verstehen und um mit ihnen in die Interaktion kommen zu können.

Elijahs Beispiel: Für Elijah waren seine Schulbegleiter: innen seine Stimme. Er hatte das große Glück, dass beide ihn sehr gut kannten. So konnten sie ihn im Schulalltag sicher und gut begleiten. Sie übersetzten sein Verhalten, seine Gestik und Mimik für alle anderen. Sie ermöglichten ihm Interaktionen mit seiner Umgebung und wussten, wann eine Grenze erreicht war. Elijah vertraute ihnen und wagte sich viele kleine Schritte weiter. Sie schützten ihn vor Überforderung und ermöglichten viele positive Begegnungen und Erlebnisse während seiner Schulzeit. Vielen Dank an Annett Hessel und Jacqueline Brauner und alle anderen Schulbegleiter: innen und Assistenzen.

Lesen Sie bitte mehr über Besonderheiten in der Kommunikation im Kapitel 8. Eine weitere große Hilfe für die Interaktion mit Gleichaltrigen suchen sich viele autistische Kinder ganz von selbst. Sie orientieren sich an einem Kind, das sie als beruhigend für sich empfinden. Es ist ein Kind, das in einer gewissen Balance ist und das sie „lesen" können. So ein Kind gibt es in jeder Gruppe. Das autistische Kind sucht dessen Nähe und übernimmt die Wahrnehmung des Kindes. So kann es ihm sofort vertrauen. Es kann in Situationen bestehen und zum Teil sogar adäquat reagieren, auch wenn es die Situation selbst nicht versteht.

Ein Test:
Vielleicht haben Sie etwas ähnliches schon einmal in einem Urlaub oder in einer Ihnen völlig neuen, unbekannten Situation erlebt. Dann schauen Sie sich Ihr Umfeld genauer an und suchen nach der Person, die sich, Ihrer Wahrnehmung nach, am sichersten in dieser Situation bewegt. Sie halten sich an genau diese Person. Setzt sie die Mütze und Sonnenbrille beim Betreten der Moschee ab, tun Sie das auch. In einem fremden Restaurant, wenn Sie die Speisekarte nicht verstehen, bestellen Sie am Ende, was Ihre Begleitung bestellt oder empfiehlt. Besuchen Sie eine Arbeitskollegin mit einem anderen Kollegen, der sich vor dem Betreten der Wohnung der Kollegin die Schuhe abstreift, dann...richtig...tun Sie das auch. Sie verlassen sich auf einen anderen Menschen. Dies tun sie öfter als Ihnen bewusst wird.

So einfach funktioniert dieses System. In Zusammenhang mit Autismus wird es Buddy-System genannt. Wie der Anker bei einem Schiff, so kann ein Buddy einem autistischen Kind Halt und Sicherheit im KiTa- und Schulalltag geben. Natürlich kann man dieses System von außen unterstützen und fördern. Hat das autistische Kind seinen Buddy schon gefunden, werden Sie dies bemerken, sobald Sie genau hinschauen. Oft benötigt eine aktive Buddy-Beziehung die Hilfe und Unterstützung von erwachsener Seite. Autistische Kinder neigen aufgrund ihrer fehlenden Fremdwahrnehmung dazu ihr Gegenüber sehr schnell zu überfordern. Aber es gibt auch passive und unsichtbare Buddy-Beziehungen.

Mein Beispiel: In der KiTa nahm ich die gesamte Gruppe als eine Einheit wahr, alles andere hätte mich überfordert. Die Gruppe war mein Schwarm und indem ich diesem folgte, konnte ich überleben. Blieb die Gruppe ruhig, wenn die Tür aufging oder das Licht angemacht wurde, blieb ich es auch. Ich vertraute der Gruppe. Diese Strategie nutzte ich bis zum Abitur. Dann fiel mein Schwarm auseinander, jeder flog (zum Studium) in eine andere Richtung. Ich verlor den Halt und stürzte ab. Es dauerte über ein Jahr, bis ich mich wieder gefangen hatte.

Es ist wichtig, dass der Buddy, egal, ob es ein gleichaltriges Kind ist, ein Geschwisterkind oder die Assistenz, nicht zu einem permanenten Anker wird. Gruppen verändern sich, die Kinder gehen heute früher andere Weg, als es damals bei mir der Fall war. Es heißt also: flexibel bleiben.

permanente Anker, die Sicherheit im Alltag vermitteln, können sein:

Fotos der Familie oder Bilder von Lieblingshelden
kleine Figuren, die in die Hosentasche passen
ein Brief oder Zettel von zuhause mit Mutmach-Spruch
Armbänder, die an Personen oder Aktivitäten erinnern
Token, als Belohnung für bestandene Herausforderungen
KiTa – oder Schulsachen in den Lieblingsfarben oder -helden
Kleidungsstücke, die Sicherheit geben
Stimming (siehe dazu besonders Kapitel 6)

Alle Hilfsmittel eines autistischen Kindes sollten dazu dienen, die Situation bewältigen zu können, aber gleichzeitig die anderen Kinder und die Umgebung nicht stören. Leider ist es immer noch so, dass viele Hilfsmittel, anstatt die Teilhabe zu unterstützen, eher zur Ausgrenzung beitragen. Die Kinder wissen vielleicht nicht, wie sie mit dem autistischen Kind umgehen sollen, wenn an dessen Seite ständig ein Erwachsener ist. Schließlich gehören Erwachsene besonders im schulischen Kontext nicht zu ihrer Peergroup. Sie haben eventuell den Eindruck, dass sie ihre Schulpausen unter Aufsicht verbringen müssen und meiden aus diesem Grund die erwachsene

Schulbegleitung, nicht das autistische Kind. Achten Sie darauf, dass die Hilfsmittel des Kindes von den anderen Kindern als solche verstanden werden. Siehe hierzu Kapitel 4 Aufklärung. Dort finden Sie Tipps, wie Sie die Kinder miteinander vertraut machen können, in dem Sie den Fokus weg von den Unterschieden hin zu den Gemeinsamkeiten verlegen. Es braucht seine Zeit, aber sobald das autistische Kind der Gruppe vertraut, ist ein erste wichtige Schritt getan.

Fehlt autistischen Kindern die Empathie?

Kurzantwort: Nein, sie haben eher zu viel davon.

Langantwort: Noch immer beherrscht dieses Vorurteil das Denken und Handeln der Menschen und erschwert die Begegnung zwischen autistischen und nicht-autistischen Menschen. Wie schon beschrieben, ist die Theory of Mind, die kognitive Fähigkeit, sich in andere Menschen hineinzuversetzen und sie zu verstehen, bei vielen autistischen Menschen stark eingeschränkt oder fehlt. Dies trifft nicht auf die emotionale Fähigkeit, die Empathie zu, mit der wir uns in Menschen Einfühlen können. Auf diese Weise funktioniert das Übernehmen der Wahrnehmung eines anderen Menschen, wie in der Antwort auf die vorherige Frage beschrieben.
Eine Studie des Max-Planck-Institutes von 2008 wurde nachgewiesen, dass autistische Menschen genauso viel Empathie haben wie nicht-autistische Menschen.

Mein Beispiel: Mir fiel es sehr lange schwer, Gefühle anderer Menschen richtig zu benennen und zu verstehen. Sah ich jemanden weinen, wusste ich damit nicht viel anzufangen. Erklärte mir meine Großmutter, dass dieser Mensch traurig ist, tat er mir leid. Stehe oder sitze ich nahe genug bei einer Person, nehme ich sie nicht nur visuell wahr, sondern ich übernehme ihre Wahrnehmung und kann fühlen, wie sie fühlt. Ich kann nur schwer unterscheiden, ob es meine Gefühle sind oder die des Menschen neben mir. Deshalb halte ich oft mehr Abstand als nötig. Selbst bei meinen eigenen Gefühlen fiel mir es mir mitunter nicht leicht, sie adäquat zu beschreiben. Seit ich mich aber mehr mit meinen und den Gefühlen Anderer beschäftige, kann ich ganz viel kompensieren, was mir hinsichtlich Theory of Mind fehlt.

Das Übernehmen der Wahrnehmung bezeichne ich als Sensing (engl.: spüren, fühlen). Für mich ist es eine weitere Art der Kommunikation. So habe ich mich über Jahre mit meinem Sohn verständigt und über das Spüren und Fühlen erfahren, was er fühlt. Das ist heute noch so. Ich kann spüren, wenn er Durst oder Hunger hat. Ich kann Schmerzen und Stressoren wahrnehmen und ihm helfen.

Merke: Sensing ist kein rein autistisches Verhalten. Bevor ein Kind die verbale Sprache oder sonstige Kommunikationsfähigkeiten entwickelt, kommuniziert die Mutter oder enge Bezugsperson mit ihm über Sensing.

Eltern spüren, wenn es dem Kind nicht gut geht. Sie haben es ihm Gefühl, dass etwas passiert ist. Sie gehen zum Arzt, weil sich das Kind anders anfühlt als sonst. Besonders bei Zwillingen ist diese Art der Kommunikation auch im späteren Leben noch sehr stark ausgeprägt. Die Fähigkeit zur Übernahme der Wahrnehmung mag bei nicht-autistischen Menschen verkümmert sein, weil sie durch die verbale Kommunikation und das Interpretieren ersetzt wurde, aber sie ist weiterhin vorhanden.

Mein Beispiel: Mir fällt es sehr schwer, mich auf ein Small Talk Gespräch einzulassen, das so beginnt: *„Wie geht es dir?" „Gut." „Und dir?" „Auch gut."* Für nicht-autistische Menschen, die sich nur auf das, was sie sehen und hören verlassen, mag das nicht weiter anstrengend sein. Aber für mich als autistischen Menschen, der über Sensing Informationen aufnimmt, ist es oft wirklich die Hölle. Bei einer solchen Begegnung stehen wir keine 1,50m auseinander und berühren uns an den Händen. Ich kann gar nicht anders als über mein Sensing, das ich nicht ausschalten kann, wahrzunehmen. Ich sehe das lächelnde Gesicht und ich höre die Stimme, die sagt, das alles bestens ist. Das Außen ist perfekt, die Maske sitzt. Aber ich fühle das Innen und das sieht meist ganz anders aus. Ich gerate in einen Konflikt, weil der Mensch nicht ehrlich ist. Warum die Begegnung mit einer Lüge beginnen? Das funktioniert mit mir und mit ganz vielen anderen Autist: innen nicht. Die Begegnung steht dann wahrlich unter *keinem guten Stern*. Wie soll ich diesem Menschen vertrauen? Warum sollte ich in eine Begegnung mit ihm gehen?

Nicht-autistische Menschen verlassen sich oft zu sehr auf Ihre Fähigkeit zur Theory of Mind, auf ihren Kopf, und hören weniger ihrem Bauch zu. Aber das Bauchgehirn war zuerst da und kann viel intensiver wahrnehmen. Wie oft haben Sie dieses Bauchgefühl schon gespürt, aber zugunsten des Kopfes ignoriert? Allein, in dem Sie wieder zu einem Bauchmensch werden, werden Sie zu einem besseren Mitmenschen für Autist: innen. Danke!

Raum für Notizen, Gedanken und Fragen:

Kapitel 6   5 Fragen zu Verhaltensauffälligkeiten

„Was heißt „zähmen"?" „Das ist eine in Vergessenheit geratene Sa-
che.", sagte der Fuchs. „Es bedeutet: sich „vertraut machen."

Der kleine Prinz

Was sind Overload, Meltdown und Shutdown und wie erkenne ich sie?

Kurzantwort: Overload, Meltdown und Shutdown sind Besonderheiten im Verhalten, die bei autistischen Menschen sehr oft und extrem stark auftreten. Um sie erkennen und unterscheiden zu können,
müssen Sie das autistische Kind sehr gut kennen.

Merke:	
Overload	Überlastung
Meltdown	Schmelzen
Shutdown	Stilllegung

Lange Antwort: Ein Overload ist eine Überlastung, die meist durch
zu viele Eindrücken und Informationen hervorgerufen wird. Man
spricht auch von einem sensorischen Overload, einer Reizüberflutung. Ein nicht-autistischer Mensch nimmt ca. 10 % dessen, was um
ihn herum passiert, bewusst wahr. Nur das für ihn Wichtige wird
ihm bewusst. Dies ist eine Schutzfunktion unseres Systems, die bei
Autist: innen nicht richtig funktioniert. Autistische Menschen nehmen bis zu 30% der Reize bewusst wahr. Das ist viel zu viel.

Merke: Overload, Meltdown und Shutdown sehen bei jedem autistischen Kind nicht nur anders aus, sondern haben zudem sehr unterschiedliche Auslöser.

Es muss nichts Aufregendes passieren, damit es bei autistischen Menschen zu einem sensorischen Overload kommt. Es gibt immer Warnzeichen vor einer Überlastung, aber sie zu erkennen, setzt voraus, dass Sie die Person gut kennen. Sprechen Sie mit den Eltern und Bezugspersonen des Kindes über mögliche Auslöser und Anzeichen einer bevorstehenden Überlastung.

Mein Beispiel: Wenn ich mich dem Punkt der Überlastung nähere, werde ich motorisch unruhig. Das kann Herumlaufen sein, muss aber nicht. Meist werden meine Finger und Hände aktiv. In KiTa und Grundschule fiel dies der Umgebung auf, aber es wurde interpretiert und als Zappeligkeit abgetan. Da ich diese Aufmerksamkeit nicht wollte, weil sie alles nur noch schlimmer machte, versuchte ich die Bewegung der Finger und Hände in die Zehen zu verlegen. Seit Jahrzehnten bewege meine Zehen ständig, sogar im Schlaf. Es beruhigt mich und stört niemand anderen. Aber mit den Zehen wackeln allein, hält keinen Overload auf.

Schauen Sie, welche Stressoren Sie beseitigen können und tun Sie dies. Finden Sie gemeinsam mit den Eltern und, wenn möglich, dem autistischen Kind, heraus, wie es mit den Reizen umgehen kann, die Sie nicht beseitigen können. Welche Strategien hat es? Wie können Sie diese besser unterstützen. Vielleicht mit einem Rückzugsraum oder Kopfhörern, Trennwänden? Lesen Sie hierzu bitte im Kapitel 3 Barrierefreiheit.

Elijahs Beispiel: Elijah zieht sich räumlich und in sich zurück, wenn er die Überlastung nicht mehr aushalten kann. Bei auditiver Überlastung klemmt er sich seine Finger hinter die Ohren, um die unregelmäßige Geräusche, aber auch den Alltagslärm zu dämpfen.

Autistische Menschen entwickeln sehr unterschiedliche Strategien, um einem Overload vorzubeugen. Manche Strategien werden Ihnen komisch vorkommen. Glauben Sie dem autistischen Kind bitte, dass genau das, was es gerade tut, ihm hilft, einem Overload vorzubeugen bzw. schnell wieder in die Balance zu kommen. Vielen autistischen Menschen geht es besser, wenn ihnen dazu mehr Raum gegeben wird. Sie sind es gewohnt, Kinder in den Arm zu nehmen, um sie zu halten und zu trösten. Tun Sie dies nur, wenn es vorher mit dem Kind und seinen Eltern so abgesprochen wurde. Durch Umarmungen kommt es zu Nähe und Berührungen, die zu mehr Reizen und Stress führen können. Gut gemeint, aber bei Autismus oft nicht empfehlenswert. Halten Sie sich unbedingt an die Absprachen, die für genau solche Situationen getroffen worden. Stellen Sie sicher, dass alle, die mit dem Kind in Berührung kommen, diese Absprachen kennen und einhalten.

Mein Beispiel: Schon in meiner KiTa Zeit habe ich eine Strategie für mich entdeckt, die ich als Mono-Kanal-Wahrnehmen bezeichne. Andere Begriffe sind Mono-Channeling oder Ein-Kanal-Wahrnehmen. Ich lasse dann nur noch einen Sinneskanal offen. In meinem Fall ist es das Sehen, da ich visuell nicht so schnell überfordert bin. Alle anderen Kanäle fahre ich komplett runter, weshalb oft der Eindruck entstand (und immer noch entsteht), dass ich nicht zuhöre. Bei Elijah, der dies auch so machte, diagnostizierten die Ärzte Taubheit.
Der Vorteil der Mono-Kanal-Wahrnehmung liegt auf der Hand: Reizreduktion und weniger Energieverbrauch. Der Nachteil: Informationen, die über die anderen, geschlossenen Kanäle hereinkommen, gehen verloren. Der Wechsel zwischen den Kanälen kostet viel Energie und ist langsam. In meinem Fall konnte ich fehlendes Hören zumindest, was Sprache betraf, über Lippen lesen ausreichend kompensieren. Natürlich nur, solange ich die Lippen des Sprechers sehen konnte. Aber verlorene Informationen verursachten weniger Schaden bei mir und meiner Umgebung als ständige Overload-Situationen.

Eine weitere wichtige Kompensationsstrategie zur Reizregulierung ist Stimming. Lesen Sie hierzu bitte im Kapitel Unterstützung und Hilfen. Dort erkläre ich ausführlich, was Stimming ist und warum es so wichtig ist. Schafft es der autistische Mensch mit seinen Strategien nicht, die ständige sensorische Überlastung (Sie erinnern sich: 30% bewusste Wahrnehmung) herunterzufahren und sich und sein System zu beruhigen, erleidet er einen Meltdown.

Ein Meltdown kann durchaus mit einer Kernschmelze verglichen werden. In diesem Zustand hat ein autistisches Kind nur noch ganz geringe Kontrolle über das, was es tut und tun kann. Es befindet sich in einem Ausnahmezustand.

Elijah als auch ich, haben versucht, uns mit Autoaggression wieder selbst zu balancieren. Das mag bizarr klingen, aber autoaggressives Verhalten, wie es von der nicht-autistischen Umgebung wahrgenommen und genannt wird, hat nicht den Zweck, uns selbst weh zu tun, sondern wieder in die Balance zu kommen.

Elijahs Beispiel: Elijah schlägt sich extrem hart an den Kopf. Da die Gefahr der Verletzung besteht, muss er einen Kopfschutzhelm tragen. Erst war es das Jochbein, auf das er schlug. Als wir dies mittels des Helmes schützen konnten, schlug er sich auf die Nase. Es dauerte lange, aber wir haben einen zweiten Helm mit Nasenbeinschutz bei der Krankenkasse durchgesetzt. Superhelden tragen Helme.

Eines darf hierbei nie vergessen werden: wir nehmen ihm damit eine Strategie weg, die für ihn funktioniert hat. Es gilt, die Ursachen zu finden und an diesen zu arbeiten. Alles andere sind Kurzzeitinterventionen. Bei nicht-kommunizierenden Autist: innen ist es unheimlich schwierig, herauszufinden, was zu diesen Verhaltensweisen führt. Aber selbst sprechende Autist: innen können oft nicht in Worte fassen, warum sie derart reagieren. Ein Meltdown kündigt sich ebenso wie der Overload auf sehr unterschiedliche Art und Weisen an.

Merke: Erst, wenn Sie wissen, wie das autistische Kind in Stresssituationen reagieren wird, können Sie adäquat helfen. Eventuell können Sie die Overload, Meltdown und Shutdown verhindern.

Ein Shutdown folgt oft, wenn sich ein Overload nicht mehr
abfangen lässt oder einem Meltdown nicht mehr beizukommen ist.
Dies muss aber nicht so sein. Es kann auch direkt zu einem Shutdown kommen. Das System fährt ganz plötzlich komplett runter. *All
systems off.* Das autistische Kind kann nun nicht mehr Ansprache
von außen reagieren und keine Hilfsmittel annehmen, die vielleicht
sonst funktionieren. Die beste Hilfe in einer solchen Situation ist,
dem Kind Raum und Zeit zu geben. Ein Shutdown wirkt auf die Umgebung beängstigend, weil er wie ein katatonischer Stupor aussehen
kann, aber bitte rufen Sie nicht sofort den Notarzt. Für das Kind ist
dieser Zustand ebenfalls beängstigend. Wenn es da wieder raus
kommt und in einer Notaufnahme zu sich kommt, befindet es sich
gleich in der nächsten Stresssituation. Warten Sie bitte ab. Bewah-
ren Sie die Ruhe. Vergewissern Sie sich, dass sich das Kind an einem
sicheren Ort befindet und sich nicht selbst verletzen kann. Bleiben
Sie bei ihm, aber engen Sie es nicht ein. Halten Sie sich an die Absprachen für solche Situationen.

Mein Beispiel: Elijah schaltete sich als kleines Kind regelmäßig ab.
Bei ihm lief das friedlich und fast unbemerkt ab. Er schloss die Augen und war weg. Seine Shutdowns hielten so lange an, wie Elijah
die Situation um sich herum als zu gefährlich empfand. Er tauchte
erst wieder auf, wenn sich alles wieder sicher für ihn anfühlte.

Mit kommunizierenden autistischen Kindern können Sie
nach einem Overload, Meltdown oder Shutdown versuchen, darüber zu sprechen, was passiert ist. Gehen Sie dabei sehr behutsam
um, denn unser Gehirn kann nicht zwischen Realität und Bild unterscheiden. Allein durch die verbale Erinnerung an die Situation kann
es passieren, dass das Kind da wieder voll reinrutscht. Besonders bei

autistischen Menschen, die sich nicht mitteilen können, kann es sehr hilfreich sein, eine Art Tagebuch anzulegen und jeden solchen Vorfall zu dokumentieren.

	Overload	Meltdown	Shutdown
Wann ist es passiert?			
Was ist davor passiert?			
Wie lief es ab?			
Was hat geholfen?			
Was könnte helfen?			
Wie ist das Kind wieder raus gekommen?			
Wie lange hat es gedauert?			
Was ist danach passiert?			
Merkt das Kind etwas, bevor es passiert? Kann es von allein nach Hilfe fragen?			

Mit einem solchen Tagebuch können Sie sich ein besseres Bild von den jeweiligen Stresssituationen machen und eventuell den ein oder anderen Stressor finden und beseitigen. Außerdem besteht die Möglichkeit mit den Eltern und Bezugspersonen, die nicht anwesend sind, wenn das Kind diese Zustände erlebt, ausführlich über die Situationen zu sprechen. Versuchen Sie vor allem die Reize zu finden, für die das Kind keine Strategien hat. Können Sie diese Stressoren nicht finden oder reduzieren, muss geschaut werden, welche Strategien oder Hilfsmittel das Kind braucht, um im KiTa und Schulalltag trotz dieser Reize bestehen zu können. Ist dies nicht möglich, müssen Sie über eine alternative Betreuung oder Beschulung nachdenken. KiTa Kleinstgruppe oder online Beschulung, sind zwei Möglichkeiten, wie es bei Autismus weitergehen kann.

Elijahs Beispiel: Wir haben mit Elijahs Betreuer:innen einen Wochenplan erarbeitet, in den schnell und ohne großen Aufwand notiert werden kann, wie Elijahs Woche verläuft. Es sind Sachen, die wichtig sind, um seinen Alltag analysieren, Ursachensuche betreiben und Stressoren eliminieren zu können. Die Betreuer:innen erleben aufgrund des Schichtdienstes nur Ausschnitte aus Elijahs Leben. Der Wochenplan hilft beim Austausch untereinander und um Elijahs Ärzten effektiv über ihn und sein Befinden berichten zu können.

Meine Tipps, um Overload, Meltdown und Shutdown zu verhindern:

das autistische Kind gut kennenlernen
selbst außen und innen ruhig bleiben
Wahrnehmungscheck der gesamten Einrichtung
Aufklärung aller Mitarbeiter: innen der Einrichtung
Stressoren finden und wenn möglich, beseitigen
alle Hilfen, die das Kind benötigt, rechtzeitig beantragen
Auszeitraum
Anker bereithalten
Stimming erlauben/fördern
Assistenz/Schulbegleitung
klar strukturierte Abläufe, die das Kind kennt
Regeln und Strukturen müssen eingehalten werden
langfristige Vorbereitung auf Veränderungen
Reizgewöhnung anbahnen
Zusammenarbeit mit Therapie- oder Beratungszentren
Notfallpläne

Wie gehe ich mit herausforderndem Verhalten, z.B. ständigem Schreien, um?

Kurzantwort: verständnisvoll und vor allem gelassen, so helfen Sie am besten

Lange Antwort: Es ist ganz wichtig, das Schreien des autistischen Kindes richtig einzuordnen. Nicht-autistische Menschen tendieren zum Interpretieren. Sie können aber immer nur versuchen, das, was ein autistisches Kind nach außen tragen kann, irgendwie zu deuten. Das ist ein ziemlich riskantes Unterfangen, denn Sie haben keine Ahnung, wie es im Inneren des Kindes aussieht. Sie müssen die Gründe für das jeweilige Verhalten kennen, um richtig damit umgehen zu können. Bei kommunizierenden autistischen Menschen sollten Sie es auf jeden Fall mit Nachfragen versuchen. Vielleicht nicht in der Situation, sondern eher in der Nachbereitung. Aber überschätzen Sie weder das Sprachverständnis noch die Fähigkeit des Kindes, sich dazu adäquat äußern zu können. Ziehen Sie die Eltern und andere Bezugspersonen hinzu. Besonders dann, wenn das Kind nicht kommunizieren kann, werden Sie auf deren Hinweise und Ratschläge angewiesen sein, um die Situation nicht zu einem Problem werden zu lassen. Ständiges Schreien bedeutet, dass das Kind einem Stressor ausgesetzt ist, der immer da ist. Aber beobachten Sie genau: Gibt es Zeiten, in denen es anders ist? Wenn ja, was ist da anders? Schreit das Kind zuhause auch ständig? Wie reagieren die Eltern darauf?

Merke: Es muss sichergestellt werden, dass das Kind keine Schmerzen hat. Auch autistische Kinder bekommen Kopf-, Bauch- oder Zahnschmerzen, die sie noch weniger einschätzen können als nicht-autistische Kinder. Klären Sie, dass das Schreien keine Reaktion auf solche oder andere Schmerzen ist. Elijah kann bis heute nicht adäquat kommunizieren, ob er Schmerzen hat.

Herausforderndes Verhalten kann also durchaus kommunikativ sein, insbesondere, wenn das Kind keine anderen Möglichkeiten der Kommunikation hat oder diese von der Umgebung nicht verstanden oder als Kommunikation wahrgenommen wird.

Merke: Jedes Verhalten ist Kommunikation. Interpretieren Sie autistisches Verhalten nicht nach den Maßstäben, nach denen nicht-autistisches Verhalten beurteilt wird.

Ergründen Sie als erstes, ob das Kind mit dem Schreien versucht, etwas zu kommunizieren. Wenn ja, was könnte dies sein? Wenn Sie nicht nachfragen können, beobachten Sie genau, in welchen Situationen es zu dem Schreien kommt. Wurde zum Beispiel eine Anforderung an das Kind gestellt, auf die es auf diese Weise reagiert. Klären Sie, was unmittelbar vor dem Schreien passiert ist und auch, wie sich die Situation wieder entspannt. Legen Sie eine ähnliche Tabelle an, die ich bei der letzten Frage empfohlen habe. So können Sie eventuell ein Muster erkennen und sowohl die Auslöser als auch die Lösung für diese Situationen finden. Dies ist hilfreich, weil in vielen Fällen auch sprechende autistische Kinder ihr Verhalten oft nicht schlüssig erklären können.

Funktion des Schreiens/herausfordernden Verhaltens kann sein:

Kommunikation
Anzeigen eines Bedürfnisses
Aufforderung zur Bedürfniserfüllung
Schmerzen
Angst
Ankündigung von Overload, Meltdown und Shutdown
Kompensationsstrategie, um mit Stressoren klarzukommen
Stimming

Schreien scheint mir eine Kompensationsstrategie zu sein, die aus der frühen Kindheit stammt. Ohne Sprache waren wir alle darauf angewiesen, dass jemand auf unser Schreien reagiert. So haben wir ausgedrückt, dass wir ein Bedürfnis haben und es erfüllt bekommen möchten. Auch autistische Kinder tun dies. Entwickelt sich die Kommunikation nicht altersgerecht bzw. bildet sich keine Kommunikationsfähigkeit aus, hält das Kind eventuell an dieser Strategie fest. Bei Elijah ist dies immer noch zu beobachten.

Auslöser für das Schreien/herausforderndes Verhalten können solche oder andere Stressoren sein:

> Menschen, Blickkontakt, Ansprachen, Gespräche, Händeschütteln, Geräusche, Gerüche, Bewegungen, Türen, Veränderungen, Leerlauf, Namen, Konflikte (auch die von anderen Menschen), Teamwork, Witze, Regeln, Small Talk, Essen, Entscheidungen, Lärm, Ortswechsel, Stille, Fehler, Warten, Zuhören, Dialoge, Sprichwörter, Begrüßungen, Fragen, Lachen, Verabschiedungen

Arbeiten Sie daran, alle Stressoren des autistischen Kindes zu (er)kennen und zu beseitigen. Dies wird nur zum Teil gelingen. Bleiben Sie in jedem Fall ruhig und gelassen. Nehmen Sie das Verhalten auf keinen Fall persönlich. Es hat wenig und meist gar nichts mit Ihnen zu tun, sondern betrifft das autistische Kind, das aufgrund seiner verzerrten Wahrnehmung ein anderes, chaotisches Bild der Welt um sich herum hat. Es reagiert dementsprechend anders und chaotisch auf diese Wahrnehmung. Es kann nicht anders. In Ihrem Fall schreit es. Versuchen Sie, dem Kind Sicherheit zu geben. Es muss wissen, was gerade passiert und was als nächstes kommt. Lassen Sie es nicht allein.

Meine Tipps bei herausforderndem Verhalten:

> ruhig und gelassen bleiben
> Stressoren finden und eliminieren
> aus der Situation herausnehmen
> Auszeitraum anbieten
> Stimming erlauben und unterstützen
> Regeln und Strukturen einführen und einhalten
> Aufklärung der Umgebung, damit diese ruhig bleibt
> Nachbereitung der Situation
> Kommunikationsanbahnung: Metacom, Sprachtaster etc.
> Wie es hätte sein sollen-Geschichte,
> um sozial adäquates Verhalten zu fördern

Vermitteln Sie dem Kind aber auch, wie es den anderen Kindern geht, wenn es so schreit. Ohne Fremdwahrnehmung hat es davon nämlich wenig oder gar keine Ahnung. Je nach Sprachverständnis muss dies unterschiedlich vor- und aufbereitet werden. Erklärungen, die das Kind nicht verstehen kann, sind nutzlos und Zeitverschwendung. Viele autistische Kinder sagen genau dann schnell „ja", wenn sie es nicht verstanden haben. Sie versuchen sich dem Stress einer solchen Unterhaltung zu entziehen und vor einem Overload zu schützen. Es ist immens wichtig, autistischen Kindern die Konsequenzen ihrer Verhaltensweisen aufzuzeigen und ihnen Lösungswege anzubieten.

Elijah Beispiel: Elijah hat in der Schule so stark lautiert, dass dies für die anderen Kinder zum Teil sehr störend war. Die Lösung sah so aus, dass die Schulbegleitung und die Lehrerin versucht haben, Elijah zu vermitteln, wie es den anderen Kindern damit geht, wenn er so laut ist. Aber gleichzeitig wurde ihm die Rückmeldung gegeben, dass alle wissen: sein Lautieren ist ein verbales Stimming und er tut dies , um sich zu beruhigen und die Schulsituation meistern zu können. Der Kompromiss: Elijah geht mit seiner Schulbegleitung in den

Auszeitraum, damit die Kinder in Ruhe Unterricht machen können. Im Auszeitraum konnte er sich gut regulieren und ihm wahrsten Sinne des Wortes ausreichend beruhigen, um wieder in den Klassenraum zurückkehren.

Besonders bei Kindern mit Asperger-Syndrom kann sehr viel bewirkt werden, da die meisten von ihnen viele gute Strategien, allen voran verbale Sprache, haben, die ihnen eine Anpassung möglich machen. Sie müssen aber den Sinn und auch die Notwendigkeit dieser Anpassung verstehen. Autistischen Menschen wie Elijah ist eine solche Anpassung nicht möglich. Sie sind dringend auf mehr Verständnis und Akzeptanz angewiesen. Anstatt sie zu vergessen, muss ihnen Teilhabe auf ihre Weise am gesellschaftlichen Leben gewährt werden. Einfach wird das auf keinen Fall, aber es ist möglich.

Was tun, wenn das autistische Kind autoaggressiv ist?

Kurzantwort: ruhig bleiben und sicherstellen, dass das Kind sich selbst und andere nicht gefährdet und die Ursachen finden

Lange Antwort: Ich kenne ein solches Verhalten sowohl bei mir als auch bei meinem Sohn. In unserem Fall kann ich deshalb ganz sicher sagen, dass es nicht darum geht, uns selbst weh zu tun. Ich finde die Bezeichnung autoaggressiv nicht passend. Sie kennen dieses Verhalten, weil es das auch bei nicht-autistischen Menschen gibt. Aber der Grund für eine solche Verhaltensweise bei autistischen Menschen ist oft ein ganz anderer. Es geht mehr darum, wieder in ein Gleichgewicht zu kommen. Ich würde es Selbstbalancieren nennen. Ist die Selbstwahrnehmung zu hoch und kann sie nicht reguliert werden, kommt es zu einer Selbstkonfrontation. Lesen Sie dazu bitte im Kapitel 5 besonders meine Antwort zur zweiten Frage. Wichtig ist, dass Sie sicher stellen, dass sich das Kind nicht selbst verletzt und auch niemand anderen gefährdet.

> Merke Selbstbalancieren/autoaggressives Verhalten kann eine Kampfreaktion gegen das eigene Selbst sein.

Auch wenn es Ihnen sehr schwerfällt, bitte unterbrechen Sie dieses Verhalten nicht sofort. Stellen Sie es nicht als negativ dar, sondern vermitteln Sie dem Kind, dass Ihnen bewusst ist, dass dies seine Strategie zur Bewältigung von Stress ist. Versuchen Sie im Nachgang gemeinsam mit dem Kind (richtig: und den Eltern und Bezugspersonen) Lösungen und gangbare Wege zu finden, damit das Kind gar nicht erst in eine solche Notlage gerät. Auslöser für ein solches Verhalten können alle in der vorherigen Antwort genannten Dinge sein oder komplett andere. Tipps für den Umgang mit autoaggressiven Verhalten entnehmen Sie bitte auch dieser Antwort.

> Mein Beispiel: Als mir in der KiTa die Fluchtmöglichkeit nicht gegeben war, entschied sich meine Amygdala zum Kampf. Natürlich wurde eine Kampfreaktion gegen die Erzieherin und die anderen Kindern sofort und energisch unterbunden. Dies führt zu einer Kampfansage gegen mich selbst. Ich schlug mich oder biss mir fest in die Hand. Da dies jedoch noch mehr Aufmerksamkeit und auch Bestrafung nach sich zog und mein Problem verschlimmerte, versuchte ich dies unauffällig zu machen. Ich kniff mir in die Handfläche, zwischen Daumen und Zeigefinger oder machte Fäuste und drückte beide Daumen so fest wie ich konnte. Ein Daumen ist klein, aber seine Repräsentation im Gehirn ist sehr groß, so dass das Zudrücken den gewünschten Effekt hatte.

Entfernen Sie die Stressoren, soweit sie Ihnen bekannt sind. Ist dies nicht der Fall, könnte ein Ortswechsel helfen. Auf diese Weise können Sie herausfinden, ob es ein äußerer oder innerer Reiz ist, der den Stress auslöst. Bei inneren Reizen hilft kein Ortswechsel, denn der Stressor wird mitgenommen. Um dem Kind beim Herunterfahren oder Regulieren der Selbstwahrnehmung zu helfen und die Situation wieder unter Kontrolle zu bringen, können Sie folgendes ausprobieren:

Meine Tipps:

> ganz wichtig – ruhig bleiben und so tun, als wäre das, was passiert, das Normalste der Welt
> auf Abstand gehen: setzen Sie sich hin, machen Sie sich kleiner, um die Andere-Wahrnehmung zu reduzieren
> nehmen Sie keinen Blickkontakt auf
> machen Sie keine oder wenig Ansprachen
> reden Sie, als würden Sie ein Selbstgespräch führen
> unterlassen Sie Berührungen oder Umarmungen, die nur zu mehr Stress führen
> halten Sie sich an alle Absprachen

Bei vielen autistischen Kindern funktioniert paradoxe Intervention gut. Versuchen Sie alles, um die Amygdala des Kindes abzulenken, am besten wäre es, das Kind zum Lachen zu bringen, dann muss die Amygdala umschalten. Sie können eine Frage zum Lieblingsthema des Kindes stellen. So holen sie es vielleicht aus der Kampfreaktion raus. Auch andere paradoxe Interventionen, wie Trillerpfeife oder Radio anmachen, haben bei Elijah gut funktioniert.

Elijahs Beispiel: Elijah hatte immer schon Lieblingsworte oder -laute. Sie waren wie Anker für ihn. Eine Zeitlang war es das Wort/Laut „Achuhjai", welches ihn zum Lachen brachte. Egal, ob er es selber sagte, oder ob wir es aussprachen. In Situationen, in denen er überfordert war und sich zu schlagen begann, konnte dieses Wort Wunder bewirken. Natürlich sah das für unsere Mitmenschen in der Straßenbahn komisch aus. Das Kind beginnt sich scheinbar ohne Grund zu schlagen und die Mutter bleibt ganz gelassen und sagt immer wieder irgendeinen Kauderwelsch. Nur ich wusste, dass dieses Wort Elijah viel mehr Sicherheit geben konnte als jede noch so gut gemeinte Umarmung. Der Grund für das Schlagen in der Tram war übrigens, dass sich an manchen Haltestellen die Tür unserer Waggons nicht öffnete, weil niemand aus- oder einsteigen wollte. In Elijahs Wahrnehmung musste sich diese Tür aber bei jedem Halt öffnen. Als mir das klar wurde, habe ich an jeder Haltestelle den Knopf gedrückt und er war glücklich. Aber ganz schnell regte sich Unmut bei den übrigen Passagieren. Eine Erklärung meinerseits hat geholfen, aber ich war dennoch jedes Mal froh, wenn wir endlich aussteigen konnten.

Wie bei allen Ankern und beim Stimming, ist es bei der paradoxen Intervention oft ebenfalls so, dass es sich nach einiger Zeit abnutzt. Dann müssen Sie erneut auf die Suche gehen.

Warum ist das autistische Kind immer müde?

Kurze Antwort: aus demselben Grund, aus dem wir alle müde werden, es hat keine Energie mehr

Lange Antwort: Das Gehirn macht nur etwa 2% unseres Körpergewichtes aus, aber es verbraucht um die 20% der Energie, die uns zur Verfügung steht. Durch die erhöhte bewusste Wahrnehmung ist das autistische Kind enorm gefordert. Bewusstes Denken verbraucht viel mehr Energie als unterbewusste Denkvorgänge, hat aber eine höhere Erfolgsquote.

Auf einen Außenstehenden kann es so wirken, als wäre das Kind müde. Ich habe später gelernt, wie ich meinen Energiehaushalt besser managen kann. Ich bin weiterhin viel eher erschöpft, als ich es gern wäre und als es normal ist.

Mein Beispiel: Ich war als KiTa Kind vor dem Mittagessen fertig mit der Welt, aber musste bis zum Abend durchhalten. Es war ein anderes „müde" als jenes, was zum Einschlafen führt. Es war eher eine

Erschöpfung, die mich regelmäßig Freitagnachmittag wie eine Flut-
welle überrollte und komplett außer Gefecht setzte. Mir fehlte dann
die Energie für alles. Was vorher ging, ging jetzt nicht mehr.

Autistische Menschen nehmen auch die Sachen bewusst
wahr, die für die Situation oder Aufgabe gar nicht wichtig sind. Das
verbraucht unnötig Energie, die irgendwann fehlt. So kommt es oft
zu Situationen, in denen das autistische Kind vielleicht etwas nicht
mehr schafft, obwohl genau das am Tag vorher richtig gut funktioniert hat. Abläufe scheinen wie weggeblasen und es wirkt so, als
würde sich das Kind nur komisch anstellen oder gar nicht wollen.
Aber dies ist fast nie der Fall. Wenn keine Energie mehr da ist, dann
geht nichts mehr. Schauen Sie genau, wann das bei dem Kind der
Fall ist. Beraten Sie sich mit allen am Kind Beteiligten.

Meine Tipps:

Welche Aktivitäten fanden vorher statt?
Was genau überfordert das Kind?
Wann ist das Kind erschöpft?
Braucht es mehr Auszeiten?
Kann es von selbst anzeigen, wann es diese benötigt?
Braucht es einen Auszeitraum?
Ist die KiTa Zeit bzw. der Unterrichtstag zu lang?

Ist das Kind jeden Tag schon vor Ende des KiTa oder Schulalltages erschöpft, sollte über eine Reduzierung der KiTa-Stunden bzw.
der Beschulungszeit nachgedacht werden. Es ist generell eine richtig
gute Idee, die Länge das KiTa Aufenthaltes und die Unterrichtszeiten
autistischer Kinder individuell festzulegen.

Ein Beispiel: Ich kenne eine autistische Schülerin, die das Abitur in
vier anstatt der festgelegten zwei Jahren absolviert hat. Dieser autistischen Schülerin fehlte täglich zu viel Energie, um den normalen

Schulalltag meistern und gut lernen zu können. Sie brauchte wesentlich mehr Pausen als ihre Mitschüler: innen. Der Nachteilsausgleich bedeutete für sie, dass sie anstatt 35 Stunden/Woche nur 17 Stunden am Unterricht teilnahm und auf diese Weise viel besser klar kam und letztendlich ein richtig tolles Abitur ablegte. Gut gemacht, Frauke. Aber der Weg dorthin war mehr als steinig.

Elijah verbraucht zudem viel Energie, weil er ständig in Bewegung ist. Die Bewegung hilft ihm dabei, sich auf eine Art zu spüren, die er annehmen kann, aber sie kostet ihn jede Menge Kraft. Diese fehlt ihm bei anderen Sachen. Er hat definitiv eine negative Energiebilanz, was sich zusätzlich in seinem Körpergewicht ausdrückt. Mir hilft es, Energie einzusparen, in dem ich auf meinem Monokanal schalte und nur visuelle Reize wahrnehme. Lesen Sie dazu in meiner Antwort zur ersten Frage mehr zu dieser Strategie. Meine Energie reicht dennoch nur für ca. 5-6 Stunden sozialer Interaktion aus. Ich weiß das und habe mittlerweile das Glück und die Möglichkeiten, mir meinen Alltag so strukturieren zu können, dass ich dieser totalen Erschöpfung nicht mehr so oft zum Opfer falle.

Meine Tipps zum Energie sparen:

> nicht jedem Menschen die Hand schütteln
> Blickkontakt herunterfahren
> zwischen die Augen oder auf den Haaransatz schauen
> Small Talk, nur wenn absolut nötig
> soziale Interaktionen zeitlich begrenzen
> ausreichend Auszeiten und Pausen einplanen
> Mono-Kanal-Wahrnehmung

Zusätzlich können Schlafstörungen und unzureichender Nachtschlaf bei autistischen Kinder zu einer Müdigkeit im Tagesverlauf führen. Viele autistische Menschen haben Probleme nachts zur Ruhe zu kommen und den Schlaf zu bekommen, den sie benötigen, um sich zu regenerieren. Besprechen Sie dies unbedingt mit den Eltern, um es entweder ausschließen zu können oder bestätigt zu bekommen.

Mein Beispiel: Ich bin nachts immer wieder den Tag mit all seinen Herausforderungen durchgegangen und habe versucht zu analysieren und zu verstehen, was passiert ist und warum es so abgelaufen ist. Auf diese Weise habe ich versucht, mir meine eigenen So-muss-es-sein-Geschichten zu erstellen. Das hat mir enorm geholfen, mich adäquater in der Interaktion mit den anderen Kindern zu verhalten und letztendlich in die Begegnung mit ihnen kommen und bleiben zu können. Was definitiv zu kurz kam, war der Schlaf. Regelmäßig kam dann der Tag, an dem ich so erschöpft war, dass mir schon morgens in der KiTa die Augen zufielen.

Was bedeuten die ständigen Schaukelbewegungen?

Kurze Antwort: das autistische Kind versucht sich zu beruhigen, um trotz Stressoren in der Situation verbleiben zu können

Lange Antwort: Körperschaukeln ist ein motorisches Stimming. Schaukeln, egal in welcher Form, beruhigt und macht glücklich. Beobachten Sie Eltern mit ihren Babys. Schaukelbewegungen *so weit das Auge reicht*. Man kann den eigenen Körper auf eine Art und Weise wahrnehmen, die keine Gefahr bedeutet. Beim Schaukeln bekommt die Amygdala die Botschaft: *Alles ist okay*. Für autistische Menschen bedeutet das, dass sie sich endlich mal nicht in einer potenziellen Gefahrensituation befinden. Das autistische Kind versucht sich zu beruhigen, in dem es sich diesen Reiz, der ihm gut tut, immer wieder selbst setzt. Hat es keine Schaukel zur Verfügung, schaukelt es sich selbst.

Mein Beispiel: Ich habe diese Form des Stimming auch genutzt, allerdings brauchte ich dazu eine Schaukel oder Hollywoodschaukel. Auf dieser habe ich stundenlang gesessen und mich den unterschiedlichen Sinneswahrnehmungen: Wind im Gesicht, Druck auf den Körper, wechselndes Sichtfeld hingegeben. Danach war ich wie ausgewechselt. Noch heute habe ich drei Hollywoodschaukeln und einen Hängesessel im Garten. Selbst die Gartenbank ist eine Schaukelbank, die mir hilft, abzuschalten und mich zu beruhigen. Ein Hängesessel in meinem Schreibzimmer ist täglich in Gebrauch.

Bieten Sie dem Kind unbedingt die Möglichkeit sein Schaukel-Stimming auszuleben. Vielleicht nimmt es eine Nestschaukel an, die gleichzeitig als Rückzugsort dienen kann. Die gibt es auch für drinnen. Wichtig ist, zu schauen, in welchen Situationen das Körperschaukeln einsetzt. Denn es gilt: wo Stimming ist, da ist ein Stressor. Kann dieser gefunden und eliminiert werden, verringert sich das Stimming. Dies ist besonders dann wichtig, wenn das Stimming für die unmittelbare Umgebung störend ist oder das autistische Kind in der jeweiligen sozialen Interaktion an einer Teilhabe hindert.

Merke: Stimming sollte idealerweise etwas sein, dass den autistischen Menschen beruhigt, aber seine Umgebung nicht stört.

Raum für Notizen, Gedanken und Fragen:

Kapitel 7   5 Fragen zu Unterstützung und Hilfen

„Man muss von jedem fordern, was er leisten kann."

Der Kleine Prinz

Was ist Stimming?

Kurzantwort: Stimming ist eine Kompensationsstrategie, ein wichtiges Hilfsmittel, das das System beruhigt und sensorische Überlastungen verhindern kann.

Merke: Es gilt Akzeptanz für autistisches Stimming erreichen.

Lange Antwort: Stimming ist eine der wichtigsten Strategien vieler autistischer Menschen. Der Begriff stammt aus dem Englischen und ist die Kurzform für *self stimulation*, was mit *sich selbst stimulieren* übersetzt werden kann. Es geht darum, sich selbst einem Reiz auszusetzen, der beruhigt und den die Amygdala nicht als potenzielle Gefahr wahrnimmt. Stimming kann einer sensorischen Überlastung vorbeugen. Der Stimming-Reiz wird wiederholt gesetzt. Darin liegt die Beruhigung. Es gibt die unterschiedlichsten Arten von Stimming. Manche sind still und leise und laufen unbemerkt von der Umgebung ab. So zum Beispiel mein mentales Stimming (siehe mein nächstes Beispiel). Aber es gibt auch Stimming, das sofort auffällt und die Umgebung schnell nervt.

Elijahs Beispiel: Elijahs lautes „Ahhh" oder sein Klopfen auf Tische oder sonstige Oberflächen beruhigte ihn, wirkte aber alles andere als beruhigend auf seine Umgebung. Wenn er in der Schule auf den Heizkörper geklopft hat, hatte wirklich die gesamte Schule etwas davon. Obwohl er sehr rhythmisch klopfte, hielt sich die Begeisterung in Grenzen.

Wird Stimming von der Umgebung wahrgenommen, dann allerdings nicht als Hilfsmittel des autistischen Menschen, sondern als eine Störung. Das führt schnell dazu, dass es unterbunden wird. Dem autistischen Menschen wird damit ein Hilfsmittel einfach weggenommen. Es ist höchste Zeit, dass die Gesellschaft Stimming als das versteht und wahrnimmt, was es ist.

> Merke: Stimming ist ein Angebot des autistischen Menschen an seine Umgebung, um in einer Situation/Interaktion verbleiben zu können, obwohl gerade Stressoren auf ihn wirken, die zu einer sensorischen Überlastung oder Flucht-, Kampf- oder Starre Reaktionen führen könnten.

Deshalb, selbst wenn ein Stimming störend ist, sollten Sie es nicht sofort unterbrechen. Es erfüllt eine wichtige Funktion für den autistischen Menschen.

> Merke: Stimmig dient der Reizreduktion, dem Schutz vor sensorischer Überlastung, der Beruhigung des Systems (Amygdala), der Regulierung, um in der Situation verbleiben zu können.

Ohne Stimming würden die meisten Autist: innen mit allen äußeren und inneren Reizen, die im Alltag auf sie wirken, nicht klar kommen.

Meine Bitte:
    Stimming als Hilfsmittel anerkennen
    Stimming nicht sofort und ohne Ersatz unterbrechen,
    egal wie störend es ist
    Stressoren finden und beseitigen
    gemeinsam nach Alternativen suchen
    Umgebung über Stimming aufklären

Niemand käme auch nur auf den Gedanken körperbehinderten Menschen einfach so die Hilfsmittel wegnehmen. Selbst dann nicht, wenn der Rollstuhl quietscht.

Merke: Stimming ist wie Rollstuhl, Braille und Hörgerät.

Vielleicht fällt es Ihnen leichter Stimming zu verstehen, wenn Sie sich bewusst machen, welches Stimming Sie als Hilfsmittel bei der Stressbewältigung einsetzen. Haben Sie schon mal in einem Gespräch mit dem Stift gespielt, während eines Telefonates den Schreibblock vollgekritzelt, an Ring, Ohrring oder einer Haarsträhne gedreht? Nein? Sie haben noch nie mit einem Bein gezittert oder auf der Lippe gekaut? Sie haben keinen Stressball zur Hand genommen, um sich etwas abzureagieren? Sie kennen Stimming nicht nur, Sie nutzen es auch. Es wird nicht so überlebenswichtig für Sie sein, wie für mich. Ein weiterer Unterschied ist, dass Ihr Stimming in die Kategorie „sozial adäquat" fällt, während das Stimming vieler autistischer Menschen genau daran scheitert. Trotz der Unterschiede gilt: Stimming ist Stimming.

Merke: In einer inklusiven Gesellschaft müssen einem Menschen alle Hilfsmittel gewährt werden, die er benötigt, um ein selbstbestimmtes und würdevolles Leben und Teilhabe am gesellschaftlichen Leben zu erlangen.

Der Reiz, den sich ein autistischer Mensch als Stimming setzt, hat meiner Erfahrung nach sehr viel mit dem Stressor zu tun. Ist es ein auditives Stimming, wie Elijahs „Ah", ist der Stressor-Reiz sehr wahrscheinlich auditiven Ursprungs. Bei nicht-kommunizierenden autistischen Menschen bietet sich somit eine gute Möglichkeit, den Stressor zu erkennen oder zumindest den Kreis etwas einzugrenzen. Ich mache ganz verschiedenes Stimming, je nach Überlastung und Situation.

Mein Beispiel: Als Kind habe ich einfach gemacht, was mir gut tat. Die Reaktion meiner Umgebung konnte ich damals gar nicht richtig wahrnehmen. Wenn doch, bezog ich sie nicht auf mich. Ich klopfte mich immer wieder ab, um Körperwahrnehmung zu haben. Ich wiederholte denselben Satz an die hundert Mal, weil mir das gut tat. Irgendwann habe ich mitbekommen, wie andere Menschen darauf reagierten und diese Aufmerksamkeit war zu viel für mich. Also habe ich mein Stimming nur noch im Kopf gemacht. Das Gehirn weiß nicht, ob etwas wirklich passiert oder ob es nur ein Gedanke ist, deshalb funktioniert mentales Stimming ganz wunderbar.

Viele autistische Menschen erleben Ausgrenzung nicht unbedingt wegen ihrer autistischen Wahrnehmung, sondern wegen ihres Stimming (Verhalten). Elijah wurde oft ausgeschlossen, weil sein „Ah" oder sein Herumlaufen von der Umgebung nicht einmal dann toleriert werden konnte, als wir über seinen Autismus aufgeklärt haben.

Elijahs Beispiel: Eines der schlimmsten Erlebnisse für uns alle war, als Elijah von einer Spendenveranstaltung, die für ihn veranstaltet wurde, wegen seines aufgeregten „Ah" ganz schnell vor die Tür gesetzt wurde. Keiner der Gäste kannte Elijah und seine andere Art des Seins. Aufklärung hatte nicht stattgefunden. Schnell kam es zu bösen Zwischenrufen. Hinterher, als alle feststellten, dass sie gerade den Ehrengast wegen seiner Behinderung rausgeworfen hatten, war die Aufregung groß. Dies passierte an einer Schule, wo Schüler der 11. Klasse im Rahmen eines Inklusionsprojektes eine Spendenaktion für Elijah gestartet hatten. An diesem Abend sollte ihm ein symbolischer Scheck überreicht werden. Stattdessen hat man uns, mir, Elijah und seinen Schwestern, gezeigt, dass es keine Akzeptanz für die andere Art des Seins, Autismus, gibt und uns damit enorm weh getan Ich hoffe, dass Elijah die schrecklichen Erfahrungen, die er machen musste, nicht abgespeichert hat. Wenn der SCN2A Gendefekt das bewirkt, dann wäre das wirklich cool.

Kino, Theater, ja eigentlich alle öffentlichen Veranstaltungen waren und sind Elijah verwehrt. Ihm ist bis heute nicht bewusst, dass sein lautes auditives Stimming oder das ständige Herumlaufen die anderen im Raum zum Teil sehr stört.

Vergessen Sie in den Gesprächen mit den Eltern nie, dass Sie nicht wissen, wie das Leben mit Autismus ist. Sie versuchen es zu erahnen, aber damit kommen Sie nicht annähernd nah genug dran.

Welche Hilfsmittel benötigen autistische Kinder in KiTa und Schule?

Kurzantwort: Alle, die dem Kind helfen, den KiTa- und Schulalltag auf allen Ebenen zu bewältigen.

Lange Antwort: Sie ahnen es schon, Sie müssen das autistische Kind lange vor dem KiTa oder Schulbesuch kennenlernen und sich mit den Eltern oder Bezugspersonen über die benötigten Hilfsmittel bzw. Unterstützung austauschen. Zwei der wichtigsten Fragen sind: Welchen Nachteil gilt es auszugleichen und wie?

Die Hilfsmittel sind genau so unterschiedlich, wie es autistische Menschen sind. Das Bereitstellen von Hilfsmitteln unterscheidet sich bei autistischen Kindern von Kindern mit Körperbehinderungen. Von einer Rampe profitiert jeder Rollstuhlfahrer. Bei Autismus gibt es solche universellen Hilfsmittel auf den ersten Blick nicht.

Merke: Egal, was in einer KiTa oder Schule für autistische Kinder verändert wird, es kommt allen Kindern zugute. Eine Autismus freundliche Schule ist eine gute **Schule für Alle**.

Manche Hilfsmittel werden Sie gar nicht als solche erkennen können. Wir erleben immer wieder, dass Menschen, auch die, die schon mit Autismus in Berührung gekommen sind, sich immer wieder wundern, was alles ein Hilfsmittel für Elijah sein kann. Da Menschen dazu tendieren, vieles nach ihrem eigenen Erleben zu interpretieren und von sich auf andere schließen, kommen sie zu den unglaublichsten Ergebnissen. Es gelingt vielen einfach nicht, einem anderen Menschen ganz unvoreingenommen zu begegnen und sich langsam mit ihm und seiner Art des Seins vertraut zu machen. Auch in anderen Institutionen ist man noch immer nicht bereit, sich auf autistische Menschen dahingehend einzulassen und zu verstehen, dass das, was eine Einschränkung der Freiheit einer Person darstellt, ein Hilfsmittel für eine andere Person sein kann.

Elijahs Beispiel: Elijah kann sein Zimmer nur dann als einen sicheren Rückzugsort erkennen, wenn die Zimmertür nicht nur geschlossen, sondern wenigstens kurz abgeschlossen wird. Erst so versteht er, dass er jetzt, aus welchen Gründen auch immer, in seinem Zimmer bleiben soll oder muss. Ist die Tür nur geschlossen, kommt er immer wieder raus. Er muss das tun, auch wenn es ihn selber noch mehr stresst. Das Hilfsmittel ist in diesem Fall das (kurze) Einschließen in seinem Zimmer. Als er zuhause wohnte, war das kein Problem. Niemand hat je nachgefragt, wie es uns geht, wie es ihm geht, ob und wie wir klar kommen oder ob wir seine Zimmertür abschließen. Als Elijah in die Wohngruppe eines Wohnheimes für behinderte Menschen zog, musste ich, als seine gesetzliche Betreuerin, dieses Hilfsmittel beim Betreuungsgericht beantragen. Dort sieht man es aber nicht als Hilfsmittel für Elijah, sondern eine freiheitsentziehende Maßnahme. Genau hier liegt das Problem. Es wird nicht individuell geschaut, was ein Mensch braucht, warum er es braucht und wie es ihm dient. Es wird sich nicht mit dem Menschen und seinen Bedürfnissen auseinandergesetzt. Was für meine Töchter eine freiheitsentziehende Maßnahme wäre, ist für meinen Sohn ein überlebenswichtiges Hilfsmittel. So wie auch das Babyphone für Elijah ein Hilfsmittel ist. Die Betreuer: innen können auf diese Weise checken, ob er sich schlägt, ohne ihn stören zu müssen und damit das Schlagen erst auszulösen. Das Betreuungsgericht vermutete hier den Versuch der

Mutter (ich) eine 24h stündige Überwachung ihres volljährigen Sohnes zu installieren. Daran sieht man, wie wichtig es ist, immer den Menschen und seine Lebenssituation zu sehen. Vom Schreibtisch aus sieht das natürlich alles anders aus. PS: Da Elijahs Tür ein Panikschloss hat, mit dem er von innen jederzeit wieder aufschließen kann, brauchte es die richterliche Genehmigung zum Glück nicht.

Zurzeit suchen wir nach einem Wasserhahnschloss für das Waschbecken oder einem Wasserhahn, der nicht so einfach auf- und zugemacht werden kann (von Elijah), aber für die Betreuer:innen schnell und einfach zu bedienen ist. Warum Elijah plötzlich den Wasserhahn aufmacht, wissen wir nicht. Es kann sein, dass er das Geräusch liebt. Genauso ist es möglich, dass er damit kommunizieren will, dass er Durst hat oder Duschen möchte. Warum er aber seine Lieblingsbücher in des Waschbecken legt, die dann wie ein Stöpsel fungieren und so letztendlich das Bad fluten, das werden wir wahrscheinlich nie wissen. Elijah den Zugang zu seinem Bad zu verwehren, ist keine Option, da er von dort aus den ganzen Hof überblicken kann und das für ihn eine wichtige Art der Teilhabe ist. Momentan verhindert Klettband, dass Elijah das Bad überschwemmt. Ein Wasserhahn, der schnell und einfach blockiert werden kann, wäre hier das ideale Hilfsmittel.

Einige Hilfsmittel autistischer Kinder in KiTa und Schule können sein:

individueller Nachteilsausgleich
Aufklärung der gesamten Umgebung
Assistenz und Schulbegleitung
Taxifahrt/Einzeltransport zur Einrichtung und zurück
weniger Stunden/Unterrichtsstunden
kleinere Gruppen/Klassen
Buddy-System anbahnen
abseits gelegenes Zimmer

individueller Arbeitsplatz

Stimming erlauben

Rückzugsraum

ausreichend Auszeiten und Pausen

Strukturierung der Pausen

Abläufe klar und deutlich darstellen und einhalten

Notfallzeichen, um Hilfebedarf zu signalisieren

visuelle Markierungen/Wegweiser an den Wänden/Böden

Trennwände, Vorhänge, Jalousien

Schallschutz und Lärmampel

Laptopnutzung und alle bevorzugten Arbeitsmaterialien erlauben

Körperwahrnehmung unterstützen: z.B. Basecap oder Sitzball

Hilfsmittel, um Stressoren zu reduzieren: z.B. Sonnenbrille oder Gehörschutz

Anker, wie Fotos oder kleine Gegenstände

Notfallpläne, z. B. bei Stundenausfall oder Vertretungen

Gibt es schon Ideen, wie man das von Ihnen vorgeschlagene 20 Punkte-System an KiTas und Schulen umsetzen kann?

Kurzantwort: Also ich habe jede Menge Ideen dazu. Mein Lebensmotto ist „Es scheint immer unmöglich, bis man es tut" Mandela

Lange Antwort: Eine große Barriere für autistische Kinder in KiTa und Schule sind zu große Gruppen/Klassen, in denen sie sich nicht zurechtfinden können. Das Kind beginnt in einer Kleinstgruppe, nämlich mit einer Beziehung zur Mutter oder einer anderen Bezugsperson. Es ist von dieser Person abhängig, um zu überleben.

Ein autistisches Kind ist immer abhängiger von seiner Bezugsperson als es ein nicht-autistisches Kind ist. In dieser Konstellation kann sich die Bezugsperson individuell an das autistische Kind und seine besonderen Bedürfnisse angepasst. Die nächste Gruppe ist die Familie, schon größer, aber immer noch eine Kleinstgruppe, die weiterhin versucht, sich dem autistischen Kind so gut es geht anzupassen. Das tun die Familien, wir eingeschlossen, obwohl es weder für das autistische Kind noch für die anderen Familienmitglieder gut ist. Die nächstgrößere Gruppe, meist eine KiTa Gruppe, kann diese Anpassung in diesem Umfang schon nicht mehr leisten. Hat es schon eine Diagnose suchen die Eltern nach einer gut geeigneten kleinen KiTa. Je nach KiTa Größe kommt das Kind dennoch in eine größere Gruppe, in der alles neu ist und es nicht ständig im Mittelpunkt steht, was seine Bedürfnisse betrifft. Die ersten Probleme beginnen sich abzuzeichnen. Das Kind beginnt aufzufallen. Hat es noch keine Diagnose, dann ist das Verständnis für die Verhaltensweisen des Kindes sehr gering. Aufmerksames KiTa Personal wird versuchen, mit den Eltern dahingehend ins Gespräch zu kommen. Trotzdem beginnt hier oft noch lange nicht der Weg zur richtigen Diagnose und Hilfe.

Spätestens mit Schuleintritt und der noch größeren Gruppe beginnt eine lange Leidenszeit vieler autistischer Kinder. Beim Übergang von Grundschule zu weiterführenden Schultypen werden die Kinder abermals mit größeren und vor allem komplexeren Gruppen konfrontiert. Diese Gruppen passen sich dem Kind wenig oder gar nicht an. Hier gilt knallhart: pass dich an oder du bist raus.

Kleinere Gruppen und Klassen können sich dem autistischen Kind zwar nie einhundertprozentig anpassen, aber das Kind hat hier eine echte Chance sich mit seinem Autismus gut zurechtzufinden. Hat es dazu noch alle Hilfsmittel zur Verfügung, die es für den KiTa oder Schulalltag braucht, kommen wir der inklusiven Schule schon ein großes Stück näher.

Merke: Im Bildungssystem reden wir zwar andauernd von Inklusion, fordern aber weiterhin die Integration. Das muss sich ändern!

Die Idee mit dem 20 Punkte-System kam mir, als eine Bekannte meinte, dass Elijah in seiner Förderschule mit nur 7 anderen Kindern in der Klasse viel bessere Bedingung hätte, als ihr Sohn, der in einer 25 Kinder starken Grundschulklasse saß. Ich habe versucht, ihr zu erklären, dass die Anzahl der Kinder nicht der wahre Klassenstärke entspricht. In Elijahs Klasse standen alle Kinder auf verschiedenen Stufen geistiger Entwicklung mit ganz unterschiedlichen Bedürfnissen und hatten zusätzliche Behinderungen. Wahrscheinlich entsprach die Klasse einer normalen Grundschulklasse von mindestens 25 Kindern. Aber irgendwie hat die Bekannte das nicht so richtig verstanden. Und so wurde mein 20 Punkte-System geboren.

Mein Tipp: das 20 Punkte-System für KiTa und Schule

Mithilfe dieses Punkte-Systems wird die maximale Gruppen- bzw. Klassenstärke ermittelt. Beachten Sie: es werden nicht die Kinder bewertet, sondern ihre Fähigkeit sich in KiTa oder Schule ohne zusätzliche Hilfsmittel und Unterstützung zurechtzufinden. Jedes Kind, das die benötigten Leistungen im Lernen erreicht und die seinem Alter entsprechenden Kompetenzen in der sozialen Interaktion und Kommunikation besitzt, ist ein 1 Punkt-Kind. Es erreicht die maximale Teilhabe an allen KiTa- und Schulaktivitäten.

Eine 20 Punkte-Klasse kann somit aus maximal 20 1 Punkt-Kindern bestehen oder aus 1 20-Punkte Kind. Die durchschnittliche Anzahl der Kinder in einer Klasse an Grundschulen in Deutschland betrug im Jahr 2022 21,3 Kinder. In den KiTas soll es ab 2024 einen Betreuungsschlüssel von 1 zu 10 geben. Wenn wir diese Zahlen in Punkten nehmen, wären wir einen großen Schritt weiter. Aber hier wird in Kindern gerechnet, von denen kaum eines individuell eingeschätzt wird. Ich habe Vorschuluntersuchungen mit meinen zwei Töchtern erlebt und war danach geläutert. Bei meiner jüngeren Tochter wurde nicht einmal bemerkt, dass sie Linkshänderin ist. Alice gab das Lineal, das ihr am Ende geschenkt wurde mit den

Worten *„Das ist ein Lineal für Rechtshänder. Das nützt mir nichts."* zurück. In einer Vorschuluntersuchung muss genau geschaut werden, ob und inwieweit das Kind allen Anforderungen des Schulalltages gewachsen ist. Danach bekommt es seine Punkte.

Alice sollte etwas malen, was sie auch tat und wurde gefragt, ob sie das ABC und die Zahlen schon kennt. *„Nein"*, sagte meine kluge Tochter, *„deshalb will ich ja in die Schule gehen."* Ich hätte Alice in der Grundschule nicht als eine 1 Punkt-Kind eingeschätzt. Sie war gerade 6 geworden und hatte keine KiTa besucht. Ihr fehlten einige Fähigkeiten, die für den Schulalltag nötig waren. Ein Kind, das die Anforderungen von KiTa und Schule nicht ohne Hilfe erfüllen kann, bekommt nach meinem System mehr als einen Punkt und kann, je nach Behinderung oder Beeinträchtigung, sogar die vollen 20 Punkte bekommen. Ein Kind pro Klasse? Ja, ich habe das in der Schweiz in die Praxis umgesetzt gesehen. Es geht, wir müssen es allerdings wollen! Es ergeben sich unzählig viele Möglichkeiten, wie eine Gruppe/Klasse aussehen kann. Zu beachten gibt es noch, dass jede zusätzliche Assistenz, Schulbegleitung oder pädagogische Unterrichtshilfe auch je einen Punkt bekommt.

Elijahs Beispiel: In Elijahs Förderschulklasse gab es neben der Lehrerin, eine pädagogische Unterrichtshilfe und zwei Schulbegleitungen. Damit sind schon 3 Punkte vergeben. Elijah bekommt aufgrund seiner Einschränkungen 10 Punkte. Nun sind noch 7 Punkte und 7 Kinder da, von denen aber keines ein 1 Punkt-Kind ist. Ein Kind nutzte einen Rollstuhl und hatte Schwierigkeiten bei der Sprachverständigung = 5 Punkte. Jetzt sind 18 Punkte weg, aber noch 6 Kinder übrig. Wir können nun noch ein Kind mit 2 Punkten in die Klasse aufnehmen. Es ergibt 3 Kinder in dieser Klasse. Die anderen 5 Kinder haben 3x3 und 2x4 Punkte. Alle 8 Kinder ergeben 37 Punkte-Klasse.

Elijahs Klasse war, nur mit diesen von mir vermuteten Punkten, mit 8 Kindern viel zu groß für ihn und für alle anderen auch. Die Punkte-Klassenstärke kam wahrscheinlich der einer

Grundschulklasse sehr nah. In einer Grundschulklasse sitzen nicht nur 1 Punkt-Kinder, das heißt, dass die eigentliche Klassenstärke dort auf gar keinen Fall bei 20 Punkten liegt. Um unser erklärtes Ziel, Inklusion, und damit *Eine Schule für Alle* zu erreichen, ist ein solches System eine Grundvoraussetzung.

KiTa Gruppen und Schulklassen können zu Kleinstgemeinschaften werden, die sich nicht nur autistischen Kindern besser anpassen, sondern allen Kindern und dem Lehrpersonal bessere Bedingungen für ein erfolgreiches Lehren und Lernen bieten können. Es entstehen viel mehr Möglichkeiten für Berührungspunkte und Teilhabe. Berechnen Sie doch mal, wie viele Kinder Sie eigentlich betreuen oder beschulen, wenn wir von 1 Punkt-Kindern ausgehen. Mit dieser Zahl können Sie Ihren Überforderungsquotienten bilden.

Ihr Beispiel:

— —

Aber im Ernst, so wie es in den KiTas und Schulen läuft, kann es nicht weiter gehen. Unsere Kinder sind unser höchstes Gut, also behandeln wir sie endlich auch so!

Was kann ich tun, wenn das autistische Kind die Hilfen nicht annehmen will?

Kurzantwort: nicht viel, aber vielleicht hilft es, dem Kind zu erklären, dass wir alle auf unterschiedliche Hilfsmittel angewiesen sind und dass das kein Makel ist

Lange Antwort: Haben Sie eine Brille? Damit können Sie dem Kind ziemlich deutlich und einfach zeigen, warum es wichtig ist, dass man Hilfsmittel annimmt. Danach zeigen Sie dem Kind, welche Hilfsmittel es schon nutzt. Auch ein Fahrrad ist ein Hilfsmittel. Ein Handy. Jeder Stift. Jeder Laptop. Jeder Bus. Jeder Haltegriff in Bus und Bahn. Selbst ein Stuhl kann ein Hilfsmittel sein, vor allem, wenn er Räder hat und ein Mensch, der nicht laufen kann, sich damit unabhängig bewegen kann. Gehen Sie es langsam an. Viele autistische Kinder, besonders Asperger Autist: innen, begreifen sehr früh, dass sie allein schon deshalb Außenseiter sind, weil sie Hilfsmittel benötigen. Sie bekommen mit, dass die anderen Kinder diese nicht brauchen. Der Grund, warum ein autistisches Kind ein Hilfsmittel nicht annimmt, kann durchaus Scham sein. In unserer Gesellschaft wird besonders, wenn es um Kinder geht, noch sehr viel mit Scham und Beschämen gearbeitet.

Mein Beispiel: Ich weiß noch, wie ich mich gefühlt habe, wenn mir in der Grundschule gesagt wurde, ich sei alt genug, um mir die Schuhe selbst zuzubinden. Alt genug ja, aber mir fehlten die dafür notwendigen Fähigkeiten: adäquate Körperwahrnehmung, die entsprechende Feinmotorik, Lernen durch Beobachten und Imitieren. Was nützte es mir, dass ich 9 Jahre alt war? Ich verstand das nicht, aber ich spürte sehr wohl, dass es als falsch und unzureichend angesehen wurde. Ich wurde als falsch und unzureichend angesehen und sah mich bald selbst so. Die anderen Kinder zeigten mit dem Finger auf mich und lachten mich aus, weil ich die Schuhe entweder von der Sportlehrerin zugebunden bekam oder den ganzen Tag mit offenen Schnürsenkeln durch die Schule stolperte. Ich habe nicht viele Hilfsangebote bekommen, aber ich kann mir gut vorstellen, dass ich so manche Unterstützung abgelehnt hätte, um nicht wieder zum Ziel des Spottes der anderen zu werden.

Stellen Sie sicher, dass das in Ihrer Einrichtung nicht passiert. Klären Sie die anderen Kinder auf, wie ich es in Kapitel 4 Aufklärung vorgeschlagen habe. Tun Sie das, bevor das autistische Kind in die Gruppe oder Klasse kommt!

Mein Tipp:

Die Kinder bilden einen Kreis. Nennen Sie nun ein Hilfsmittel, wie z.B. Fahrstuhl. Alle Kinder, die dieses Hilfsmittel schon einmal benutzt haben, treten in den Kreis. Sie können darüber sprechen, warum es wichtig ist, dass es Fahrstühle gibt. Nämlich, für alle, die keine Treppen steigen können. Das sind nicht nur Menschen, die einen Rollstuhl (ein weiteres Hilfsmittel) nutzen, sondern ältere Menschen oder Mütter mit Kinderwagen (auch ein Hilfsmittel). Spielen Sie dieses Spiel eine Weile und versuchen Sie das Hilfsmittel des Kindes irgendwann einzubinden.

Entschärfen Sie unbedingt die Hilfsmittel. Entstauben Sie sie. Streuen Sie Glitter drauf. Damit meine ich, machen Sie Hilfsmittel cool. Hilfsmittel haben oft so etwas an sich, das ich kaum in Worte fassen kann. Sie schreien oft schon von weitem *behindert* und das muss und darf nicht sein.

Elijahs Beispiel: Kopfschutzhelm. Mit seinem ersten Kopfschutzhelm in Blau sah Elijah ein bisschen aus wie Captain America. Warum kann es dafür nicht Badges mit Klett geben, mit denen der Helm personalisiert werden kann? Warum muss der Helm sofort und ausschließlich auf Behinderung aufmerksam machen? Mittlerweile gibt es Epilepsie-Schutzhelme, die wie Basecaps aussehen. Bei so spezialisierten Schutzhelmen wie Elijahs fehlen die Ideen. Letztes Jahr gingen wir mit Elijah, der seinen Helm aufhaben musste, durch einen Park. Eine Familie kam uns entgegen. Bevor die Eltern ihn ermahnen konnten, zeigte der Junge mit dem Finger auf Elijah und rief: „Schaut mal, ein Superheld!" Ich hätte ihn drücken können!!!!

Elijahs nächster Helm, der erste mit Nasenbeinschutz, machte aus ihm einen chinesischen Tonkrieger. Der Helm wurde anders als wir es wollten, in Braun geliefert und hatte ziemlich viele Macken. Er wach wuchtig und Elijah sah echt gruselig aus, aber wichtig war ja erst einmal, dass er sich die Nase nicht brechen konnte. Nun haben wir einen schicken roten (Spiderman?) Helm und Elijah wird zum Fasching das passende Kostüm tragen. Fasching in der Wohneinrichtung: alle zusammen, aufgeregt und noch dazu verkleidet, da wird es seinen Helm brauchen. Das macht das Kostüm in diesem Fall dann perfekt.

Jeder Mensch, der ein Hilfsmittel annimmt, sorgt gut für sich selbst. Das ist klug. Dem autistischen Kind muss bewusst gemacht werden, dass es mit dem Hilfsmittel einen Nachteil ausgleicht. Würde es eine Brille, ein Hörgerät oder einen Rollstuhl ablehnen? Hilfsmittel machen genau das, was sie versprechen: sie helfen. Am Ende ist es so, wer ein Hilfsmittel ablehnt, muss mit den Konsequenzen klar kommen. Manchmal muss es auf die etwas härtere Tour passieren, aber Hauptsache, es passiert und *der Groschen* (oder heißt es jetzt Cent?) *fällt*.

Wie sehen Sie die Gefahr, dass Auszeiten (Hilfsmittel) ausgenutzt werden, um nicht lernen zu müssen?

Kurzantwort: Wenn es kein Autismus ist, sehe ich durchaus eine große Gefahr. Aber selbst bei Asperger Autisten kann es vorkommen, dass sie sich eine kurze oder längere Auszeit gönnen. Die meisten sind schließlich ziemlich clever und lernen von ihren Peers.

Lange Antwort: Es muss vor allem sicher und korrekt diagnostiziert werden. Ich bin mir nicht mehr sicher, ob wir uns auf die einige Autismus Diagnosen, die jetzt gestellt werden, wirklich verlassen können. Lesen Sie dazu im Kapitel 2 Diagnosen. Zum anderen, muss gut geschaut werden, ob das autistische Kind die Auszeiten als Hilfsmittel wirklich benötigt. Es muss festgelegt werden, wann es eine Auszeit nehmen darf und was es während dieser Zeit macht. Es geht darum, dass das Kind sich erholen und regulieren kann, um wieder in die Gruppe oder Klasse zurückzukehren. Die Auszeit soll ein Hilfsmittel für mehr und bessere Teilhabe sein, keine Vermeidungsstrategie.

Wenn Sie das Gefühl haben, und hören Sie bitte auf Ihren Bauch, dass das Kind die Auszeit dafür nutzt, um nicht an Aktivitäten oder dem Unterricht teilnehmen zu müssen, dann ist da vielleicht auch was dran. Schreiten Sie zur Tat, aber langsam. Suchen Sie nach dem Grund der Vermeidung.

Hat das Kind eine Schulbegleitung? Dann ist es empfehlenswert diese mit in die Auszeit zu schicken, um mehr Info darüber zu bekommen, wie das Kind diese Zeit nutzt. Welchen Eindruck hat die Schulbegleitung? Schließen Sie sich mit Kolleg: innen kurz. Wie sehen diese die Situation? Haben sie ähnliche Erfahrungen gemacht? Wenn dem so ist, oder Ihr Bauchgefühl weiterhin darauf besteht, dass es so ist, begeben Sie sich in das Gespräch mit den Eltern. Sprechen Sie auch mit dem Kind offen über Ihre Vermutungen, wenn dies möglich ist. Verlassen Sie sich aber nicht auf Ihre Erfahrungen mit anderen Kindern. Jeder ist anders. Versuchen Sie zu ergründen, warum Sie das Gefühl beschleicht, dass die Auszeit in diesem Fall ausgenutzt wird. Oder sieht es nur so aus? Ist es die Aktivität während der Auszeit, die Sie irritiert? Ein autistisches Kind reguliert sich vielleicht mit Handyspielen. Ich weiß, dass mich das beruhigt.

Elijahs Beispiel: Bei Elijah sah es nicht immer so aus, als bräuchte er eine Auszeit. In dem Moment, wo er in seinem Rückzugsraum war, ging es ihm schnell besser. Die Schulbegleitung hat oft versucht, ihn deshalb zurück in das Klassenzimmer zu führen. Aber, wenn er noch nicht dazu bereit war, ging schon an der Tür der Stress wieder los. Also hat sie ihn gelassen. Auch dann, wenn er eine halbe Stunde fröhlich auf die Heizung trommelnd am Fenster stand und sich am Straßenverkehr erfreute, so arbeitete er doch innen daran, sich zu beruhigen. Er versuchte, wieder in eine Selbstbalance zu kommen, die es ihm ermöglichen würde, in den Gruppenraum zurückzukehren, ohne sofort den gleichen Stress neu zu erleben. Dieser Prozess konnte ein paar Minuten oder eine ganze Stunde dauern. Manchmal ging er zielstrebig zur Tür, nur um dort noch einmal kehrt zu machen und wieder zum Fenster zugehen.

Mein Beispiel: Da ich von meiner Grundschullehrerin zum Kreide holen ins Schulsekretariat zu meiner Oma geschickt wurde, hatte ich die Möglichkeit in der Schule kurze Auszeiten zu nehmen. Ja, ich bin den Weg dorthin und wieder zurück sehr langsam gegangen, weil ich die Auszeit brauchte und genossen habe. Und ich hätte mich am liebsten auf dem Schulhof auf eine Bank gesetzt, aber das habe ich mich nicht getraut. Ich wusste, wie lange der Ausflug ins Sekretariat dauern durfte und ich wollte keine Außenseiter sein. Wenn ich auf der Bank gesessen hätte, hätten alle, die vorbeigegangen wären, gedacht, ich schwänze. Niemand hätte erkannt, dass ich im Kopf zweisprachig von hundert rückwärts zählte, um mich zu beruhigen.

Raum für Notizen, Gedanken und Fragen:

Kapitel 8   5 Fragen zu Kommunikation

„Die Sprache ist die Quelle aller Missverständnisse"

Der kleine Prinz

Welche Möglichkeiten der Kommunikation gibt es für autistische Kinder, besonders non-verbale?

Kurzantwort: sehr viele und vor allem viele ungewöhnliche

Merke: Kommunikation ist mehr als nur verbale Sprache.

Lange Antwort: Eines gleich am Anfang: Es spielt gar keine so große Rolle, ob ein autistisches Kind in der Lage ist, zu sprechen oder nicht. Viel wichtiger ist, ob es diese Art der Kommunikation für sich nutzen kann, um sich mitzuteilen und um zu verstehen (Sprachverständnis). Non-verbal bedeutet lediglich, dass die verbale Kommunikation nicht genutzt werden kann. Dies kann ganz unterschiedliche Gründe haben. Gehörlose Menschen bleibt verbale Sprache aus einem anderen Grund verwehrt als vielen autistischen Menschen.

Elijahs Beispiel: Elijah ist laut BERA hörend. Er kann Laute bilden und sagt immer wieder Worte. Er kann sprechen und gleichzeitig kann er es nicht. Er nutzt Sprache nicht als Werkzeug, um seine Bedürfnisse zu äußern, erfüllt zu bekommen oder mit seiner Umgebung in Kontakt zu kommen. Die Momente, in denen er gesprochen hat, sind dadurch gekennzeichnet, dass er entspannt in einer sicheren Umgebung ohne eine große Erwartungshaltung angesprochen wurde. Ich glaube, dass Elijah verbale und auch Gebärden- oder gestützte Sprache nicht nutzen kann, weil sowohl das eigene Sprechen als auch die Reaktion des Gegenübers eine hohe Selbstwahrnehmung bei ihm auslöst, der er nicht gewachsen ist. Elijah kommuniziert seit seiner Geburt (erster Schrei) bis heute mit seiner Umgebung anders. Er ist

---

sehr schwer zu verstehen und zieht sich schnell zurück. Seine Kommunikation ist mehrdeutig und er ändert die Regeln ständig ab. Wir müssen daran arbeiten, dass er Andere-Wahrnehmung besser aushalten kann, in dem er lernt seine Selbstwahrnehmung zu regulieren. Erst dann wird er mit uns sprechen können.

Bei einem Menschen, der kein Deutsch spricht und versteht, nützt es Ihnen nichts, dass dieser sich verbal hervorragend äußern kann. Er versteht Sie nicht und Sie ihn nicht. Haben Sie im Urlaub schon einmal eine Situation erlebt, wo es nur mit Zeichen und Zeigen weiterging. Das ist ziemlich holprig, stimmts? Die Zeichen sind nicht eindeutig genug. Aber dennoch, Kommunikation funktioniert auch ohne gesprochene Worte. Mittlerweile gibt es für Touristen jede Menge Zeige-Wörterbücher, mit hunderten Bildern und gleich in mehreren Sprachen. Da haben Sie eine erste Art der anderen Kommunikation. Solche Bücher können auch Sie in der Kommunikation mit autistischen Kindern nutzen.

Merke: Verbale Sprache löst Selbstwahrnehmung aus und erhöht diese.

Legen Sie ein solches Bilder-Kommunikationsbuch an, kann das Kind, wenn es diese Kommunikation annahmen kann, sich eventuell über Zeigen auf die Bilder mitteilen. Auch sprechenden autistischen Kindern hilft diese Art Gespräch oft weiter. Wenn sie nicht sprechen müssen, haben sie weniger Selbstwahrnehmung bzw. können diese besser regulieren. Mir hätte das enorm geholfen.

Elijahs Beispiel: Elijah bekam seine CDs oder DVDs als kleine Auswahl präsentiert. Er tippte auf die CD oder DVD, die er haben wollte. Anfangs klappe es recht gut, aber irgendwann fuhr seine Selbstwahrnehmung hoch. Er lehnte er es oder tippte auf alles, was in Reichweite war oder übergab irgendwelche Objekte. Er musste aus der Situation raus. Dennoch bleiben wir weiterhin dran und hoffen, dass er über Zeigen kommunizieren lernt.

Dieses Zeigen gehört zur unterstützten Kommunikation, die eine Vielzahl an Möglichkeiten bietet, autistischen Kindern eine Stimme zu geben, ohne ihre Selbstwahrnehmung zu sehr zu erhöhen. Die unterstützte Kommunikation beinhaltet alle Arten der Kommunikation, die auf andere Hilfsmittel als auf verbale Sprache zurückgreifen.

Meine Tipps für unterstützte Kommunikation:

verbale Sprache, eventuell Fremdsprache
(siehe Antwort auf Frage 4)
Gebärdensprache
(sollte 1. Fremdsprache ab Grundschule werden)
Zeigen auf Objekte (mit oder ohne Stützer: in)
Zeigen-Bilderbuch (mit oder ohne Stützer: in)
Übergabe von Gegenständen/Objekten
Übergabe von Fotos, Bild- oder Symbolkarten
(PECS, Metacom)
Sprachtaster und -computer
Schreiben / Malen (ältere Kinder)
Handführung
Mimik und Gestik

Zur unterstützten Kommunikation gehört zudem die gestützte Kommunikation. Diese ist jedoch durchaus kritisch zu betrachten, da hier auf einen Menschen als Hilfsmittel zurückgegriffen wird. Die Stützer: innen sollen dem autistischen Menschen eine Kommunikation über verschiedene Hilfsmittel: Bildkarten, Talker, Tablet oder Laptop ermöglichen, in dem sie ihm körperlich unterstützen. Über Zeigen auf Bilder, Buchstaben (Buchstabenbretter) oder dem Tippen auf einer Tastatur kann der autistische Mensch seine Bedürfnisse mitteilen. Es ist wichtig, dass es mehrere Menschen gibt, die als Stützer: innen für einen autistischen Menschen fungieren. Es besteht sonst die Gefahr, dass der autistische Mensch dieses Hilfsmittel in einem Krankheitsfall (Kündigung, Umzug, Babyjahr) von einem auf den anderen Tag verliert. Es darf keine Abhängigkeit von nur einem: r Stützer: in entstehen.

Gestützte Kommunikation ist mehrfach schon heftig kritisiert worden. In mehreren Tests hat sich herausgestellt, dass es die Stützer: innen sind, die kommunizieren. Es wurden den Stützer: innen und den autistischen Menschen verschiedene Fragen gestellt oder Bilder gezeigt. Die Antworten des autistischen Menschen stimmten meist mit der Information überein, die nur den Stützer: innen gezeigt wurden.

Mein Beispiel: Ich habe dies leider selbst erlebt. Monatelang glaubte ich, mich über gestützte Kommunikation per E-Mail mit einer jungen non-verbalen autistischen Frau auszutauschen. Aber es war ein Austausch mit der Betreuerin der Frau. Als diese in Rente ging und mir daraufhin ein paarmal schrieb, kam der Verdacht auf. 1. Ihre Emails glichen im Ausdruck und Stil den Briefen der jungen Frau. 2. Kommunikation mit der jungen Frau hörte abrupt auf, obwohl es einen neuen Stützer gab und der Vater der Frau auch Stützer war. Warum schrieb sie nicht mehr? Fragte nicht nach mir? Es kam kein weiteres Wort. Die Einrichtung hielt sich auf meine Nachfragen sehr bedeckt.

Oft wird von der Umgebung vorausgesetzt, dass die Kommunikation allein über verbale Sprache stattfinden muss. Autistische Menschen fallen sehr früh durch eine besondere Art der Kommunikation auf. Es gibt autistische Kinder, die entwickeln ihre ganz eigenen Sprache. Dieses Phänomen ist bei auch nicht-autistischen Zwillingspaaren oder Geschwisterkindern zu beobachten. Es kann sowohl die verbale als auch die Gebärdensprache betreffen. Andere referieren wie kleine Professor: innen. Mehr darüber in der Antwort auf die nächste Frage. Es gibt Autist: innen, die nur sprechen, wenn sie über ihre Spezialinteressen reden dürfen und monologisieren dann stundenlang, leider ohne Rücksicht auf die Umgebung. Siehe hierzu die Antwort zur 3. Frage in diesem Kapitel. Oder das autistische Kind spricht ganz normal, aber in einer Fremdsprache. Das sehen wir uns in der Antwort zu Frage 4 näher an. Es gibt diejenigen, die andere Personen, meist ihre Lieblingshelden, imitieren und immer wieder die gleichen Parolen raushauen. Kommunikation baut dennoch immer eine Brücke zu einem anderen Menschen.

Elijahs Beispiel: In der KiTa hatte Elijah einen autistischen Jungen in der Gruppe, der nur mit Sätzen aus *Spongebob Schwammkopf* gesprochen hat und das mit der Stimme von Patrick. Elijah, der diese Sendung durch seine Schwestern kannte, fand das total lustig und lachte immer wieder über einen bestimmten Satz. Sagte der Junge mit Patrick-Stimme: *„Du bist doch mein allerbester Freund"*, lachte Elijah und sowohl seine als auch die Welt des Jungen war für eine Weile in Ordnung. Es war Kommunikation zwischen den beiden, die sich schwer übersetzen lässt. Aber für Elijah und diesen Jungen kam es nicht nur zu einer sicheren Begegnung, sondern zu einer Interaktionen. So durfte der Junge Elijah direkt anschauen, ansprechen und an die Hand nehmen und ermöglichte ihm ein kleines bisschen Teilhabe an ganz vielen Aktionen. Danke dafür, J.

Es gibt autistische Kinder, die sprechen eine Ein-Wort-Sprache oder nutzen ausschließlich Zitate oder Sätze aus Lieblingsfilmen. Autistische Kinder, bei denen die eigene Selbstwahrnehmung der aktiven Kommunikation im Weg steht, suchen sich ganz eigene Wege, um dennoch verbale Sprache verwenden zu können. Es muss sehr weit weg vom eigenen Selbst sein. Ich nenne das Sprechen auf Umwegen und habe dies selbst auf unterschiedliche Arten betrieben. Meine Sprache klang auch deshalb anders, weil ich mir eigene Worte oder Wortkombinationen ausdachte und diese sehr selbstsicher in meine Monologe einband.

Mein Beispiel: Lange Zeit sprach ich immer wieder in meiner „*Meiner einer-Sprache*". Das heißt, ich hielt meine Selbstwahrnehmung niedrig, indem ich nicht *ich*, sondern *meiner einer* sagte. Das war ausreichend weit von meinem Selbst weg, um nicht dem Mutismus zum Opfer zu fallen, der mich auch heute noch oft genug überrascht. Auf die Idee brachte mich mein Großvater, der immer sagte „*Unsereiner hat es aber auch schwer*". Später entdeckte ich das kleine, aber für mich magische Wörtchen „*man*", um weiterhin verbal bleiben zu können. Ich muss mein Selbst bis heute genau im Blick behalten und immer wieder ein bisschen austricksen, um (m)eine Stimme behalten zu können.

Echolalie und die für viele Autist: innen typische „Sing-Sang" Sprache kann sowohl der Beruhigung dienen, also ein auditives Stimming sein, aber trotzdem der Kommunikation dienen.

Für den Jungen in Elijahs Gruppe war die Echolalie die einzige Möglichkeit in Kontakt mit den anderen Kindern zu kommen. Am Ende erreichte er damit das eine Kind, das alle als *am schwersten zu erreichen* bezeichnet haben. Elijah verstand seine Kommunikation und das brachte dem Jungen die so wichtigen Erfolgserlebnisse. Wenn ein Mensch merket, dass seine Kommunikation nichts bewirkt, stellt er sie irgendwann ein. Das versuchen wir bei Elijah zu verhindern und reagieren auf alles, was irgendwie kommunikativ ist.

Auch für mich war Echolalie manchmal das Einzige, was ich in der KiTa an schwierigen Tagen kommunikativ noch zu bieten hatte. Ich freute mich daran, wenn die Kinder meine Worte oder Sätze wiederholten oder ich sie so zum Lachen bringen konnte.

Mein Beispiel: Meine Sing-Sang-Sprache habe ich während der ersten Grundschuljahre schnell wieder aufgegeben, da ich von den anderen Kindern und den Lehrer: innen ausgelacht wurde. Meine Oma sagte mir ständig, ich solle entweder richtig singen oder gar nicht. Es war schwierig, da es eine Zeit gab, in der nichts anderes funktionierte. Außerdem verfiel ich in die Sing-Sang-Sprache auch dann, wenn es mir richtig gut ging. Zugegeben, das war selten, aber es passierte dennoch oft genug, um andere damit zu nerven.

Heute lasse ich diese Sprache für mich wieder zu. Sie hilft mir, mich zu entspannen und schadet außerdem niemandem. Der Auslöser für diese Entscheidung liegt einige Jahre zurück. Ich war bei einem Helge-Schneider-Konzert und erlebte hautnah mit, dass man mit der Sing-Sang-Sprache durchaus eine respektable Karriere machen kann.

Warum spricht das autistische Kind wie ein kleiner Professor, aber versteht einfache Zusammenhänge nicht?

Kurzantwort: der Sprachoutput ist besser als das Sprachverständnis

Lange Antwort: Besonders sprechende autistische Kinder leiden darunter, dass ihr zum Teil wirklich beeindruckender Sprachoutput mit dem Sprachverständnis gleichgesetzt wird. Oft ist das Sprachverständnis jedoch auf einem ganz anderen Stand. Die Probleme lassen nicht lange auf sich warten. Da steht so ein kleiner Besserwisser (kein Klugscheißer, denn oft wissen es diese Kinder wirklich besser) vor Ihnen, erklärt Ihnen das Universum, aber versteht einfache Anweisungen oder Abläufe nicht. Schwer nachvollziehbar. Da den Kindern häufig schon bewusst ist, dass sie die Welt nicht so verstehen, wie es von ihnen erwartet wird, nicken sie schnell, wenn gefragt, ob sie etwas verstanden haben. Sie werden zu Ja-Sagern. Das ist ihre Kompensationsstrategie. Viel wissen und intelligent wiedergeben zu können, bedeutet nicht unbedingt, dass genauso viel und richtig verarbeitet und verstanden wird.

Ein Beispiel: Selbst dem Genie Albert Einstein wird nachgesagt, dass er auf dem Princeton Campus immer wieder nach dem Weg zu seinem Büro fragen musste. Ein vergesslicher Wissenschaftler, der spät sprechen lernte, als Kind Sprachprobleme hatte und einem Journalisten schon mal die Zunge rausstreckte. Autistisch? Wer weiß. Aber auf jeden Fall doch sehr menschlich!

Gehen Sie immer auf Nummer sicher, dass das Kind verstehen kann, was Sie sagen und von ihm einfordern. Überprüfen Sie, auf welchem Stand das autistische Kind beim Sprachverständnis ist. Finden Sie heraus, wie Sie die Aufgaben für das Kind aufbereiten müssen, damit es sie verstehen und lösen kann.

Mein Beispiel: Als Zweijährige erklärte ich meiner Mutter ohne Probleme, was es mit dem *„Min. und Max."* Schild im Kühlschrank auf sich hatte. Im Gegensatz dazu verstand ich die Reihenfolge nicht, in der Kleidung angezogen wurde. Ich wusste nicht, dass man sich keine Einweggummis um den Kopf macht. Auch dann nicht, wenn man ihn spüren will. Ich band mir die Damenbinden meiner Mutter um die Knie, um mich bei meinen ersten Versuchen auf Rollschuhen bei Stürzen zu schützen. Sie sah dies nicht als eine clevere Erfindung, sondern schämte sich, denn das gesamte Neubaugebiet hatte meine *Knieschützer* gesehen. Meine Mutter meinte, dass jeder wüsste, das man so etwas nicht machte. Sie überlegte nie, warum ich es nicht wusste und so vieles missverstand. Sie fragte mich, ob ich mein cleveres Gehirn bei diesen Aktionen zuhause gelassen hätte. Ich verneinte das, denn es ist physisch nicht möglich, ohne das eigene Gehirn aus dem Haus zu gehen. Es sei denn, man ist tot und das Gehirn wurde in der Wohnung entnommen, aber das ergab überhaupt keinen Sinn für mich. Mutter schüttelte nur den Kopf und sagte: *„Aus dir werde mal einer schlau."* Darauf hoffe ich bis heute.

Das Sprachverständnis wird durch viele Faktoren beeinflusst. Es muss geprüft werden, dass das Kind alle Laute in Wörtern gut wahrnehmen kann. Dies war eines meiner Probleme, ich konnte die Worte nicht gut oder nicht schnell genug wahrnehmen und verarbeiten. Sie kamen aus dem Mund der Person und schwupp waren sie wieder weg. Sie lösten sich einfach auf.

Ein Test: Kennen Sie das Lied *„The Power"* von der Band Snap! Oder California Dreamin von den Mamas und Papas? Hören Sie sich bitte beide Lieder an, bevor Sie weiterlesen. Pausen sind wichtig.
Es sind gute Beispiele, um ein bisschen nachempfinden zu können, wie es sich anfühlt, wenn man etwas anderes versteht (Sie hören es richtig!) als einem gesagt wird. Bei ersterem Lied hören Sie *„I got the power".* Viele deutschsprachigen Menschen verstehen *„Agathe Bauer".* Beim zweiten Song verstehen Sie *„Annelies Braun",* aber gesungen wird *„All the leaves are brown".* Jetzt, wo Sie das wissen, haben Sie fast keine Chance es anders zu verstehen.

Nach der Lautebene sollten Sie sich die Wortebene genauer anschauen. Wie sieht es mit dem Wortschatz des Kindes aus? Viele autistische Menschen sind beim Wortschatz sehr auf ihre Themen spezialisiert. Es kann also sein, dass der passive Wortschatz oder besser, der, der notwendig ist, um Alltagssituationen und -anforderungen zu verstehen, nicht so gut ausgeprägt ist. Ich habe jahrelang neben vielen anderen das Wort *vermisst sein* nicht richtig verstanden. Allein dieses eine Wort hat zu jeder Menge Problemen geführt, weil ich den gesamten Satz bzw. Kontext nicht verstanden habe.

Mein Beispiel: Meine Mutter erzählte mir, dass unser Nachbar in der Nacht *friedlich eingeschlafen* ist. Ich zuckte mit den Schultern und meinte nur: *„Schön für ihn".* Mutter war schockiert. Aber ich hatte keine Ahnung, dass das Wort *einschlafen* unterschiedliche Bedeutungen, darunter auch *sterben,* hatte. Ich wusste von meiner Oma, dass es für alte Menschen oft schwer ist, nachts genug zu schlafen. Ich dachte, dass der Nachbar in dieser Nacht großes Glück gehabt hatte. Ein Sprachverständnisproblem, das mir als Unhöflichkeit ausgelegt wurde. Vielleicht kommt daher das Missverständnis, dass Autist: innen keine Empathie haben?

Weiter geht es zum Satz. Wie sieht es mit dem Verständnis der Grammatik aus? Ist diese altersgerecht entwickelt? Ich verstand lange Zeit Sätze nicht, in denen es zwei Anweisungen gab. Ich wusste nicht, was ich zuerst oder was überhaupt machen sollte. Ich konnte die kleinen Verbindungsworte nicht deuten und reagierte wieder und wieder falsch. Solche problematische Worte sind *gleich, stets, nachher, nachdem, nur mal kurz, vorher, mal schnell.*

Mein Beispiel: Besonders schwierig waren Sätze, in denen das, was man als Zweites machen sollte, als zuerst gesagt wurde. Das leuchtet mir bis heute nicht richtig ein. Oder auch solche, in denen es eine Bedingung gibt, aber diese am Ende des Satzes kommt. *„Ich lese dir etwas vor, wenn du im Bett liegst."* Ich wartete darauf, dass das Vorlesen begann, und meine Mutter wartete darauf, dass ich ins Bett ging. Am Ende hat es hingehauen, aber mir lange nicht klar, wie und warum.

Zum Schluss: der Text. Daran bin ich in der Schule regelmäßig nicht nur im Mathematikunterricht gescheitert. Textaufgaben waren mir ein Rätsel. Wurde mir die Aufgabe aber mit Zahlen präsentiert, konnte ich sie ohne Probleme lösen. Im verbalem Austausch habe ich vieles über die Mimik und Gestik der Menschen ein wenig kompensieren können. Aber es erforderte Blickkontakt oder mindestens in das Gesicht und auf den Mund des anderen schauen zu können. Das ging aber nur bei mir vertrauten Menschen, ansonsten meldete sich schnell meine Selbstwahrnehmung. Das erklärt teilweise, warum ich bis heute nicht gern telefoniere. Mir fehlen die Informationen, die ich über Mimik und Gestik einholen kann.

Ein weiteres Problem bei mir und meinem Sprachverständnis ist, dass ich nicht verlässlich auf bisher gemachte Erfahrungen zugreifen kann. Mir fehlen deshalb wichtige Informationen, die mir helfen, das, was ein anderer Mensch zu mir sagt, wirklich zu verstehen. In meiner Antwort der letzten Frage gehe ich noch einmal auf die Besonderheiten in der Kommunikation ein, die vielen autisti-schen Menschen große Probleme bereiten.

Was tun, wenn das autistische Kind monologisiert, ständig nachfragt und damit die die anderen Kinder nervt?

Kurzantwort: Verständnis zeigen, an der Fremdwahrnehmung des Kindes arbeiten und die anderen Kinder darüber aufklären

Lange Antwort: Monologisieren ist ein Versuch mit anderen Menschen in die Kommunikation zu gehen und klar zukommen. In dem ich monologisiere, verhindere ich, dass mein Gegenüber reagieren kann. Es ist die Reaktion, vor der ich, weil ich sie nicht einschätzen kann, Angst habe. Mir fehlt die Fremdwahrnehmung und die notwendige Theory of Mind, um erahnen zu können, was mein Gegenüber sagen oder tun wird. Mir fehlt die Sicherheit in der Kommunikation mit anderen Menschen, die es braucht, um mich in einen Dialog begeben zu können. Wenn Sie dem Kind diese Sicherheit geben können, wird das Monologisieren weniger werden und vielleicht sogar ganz aufhören. Ständiges Nachfragen ist ebenso eine Strategie, um Sicherheit in einer Situation zu erlangen.

> Mein Beispiel: *Geht es dir gut?* Diese Frage konnte mein Mann irgendwann nicht mehr hören, weil ich sie ihm bestimmt hundert Mal am Tag stellte. Aber wie sollte ich wissen, dass es ihm gut geht? Wir hatten uns gerade erst kennengelernt und ich war weder mit seiner Mimik noch mit seinen Gesten vertraut. Ich wusste noch nicht, wie er aussieht, wenn es ihm gut geht. Deshalb fragte ich nach. Immer und immer wieder. Was mich beruhigte, begann ihn zu stressen. Wir redeten über alles und so konnte er mir erklären, wie es ihm geht, wenn er alle paar Minuten nach seinem Wohlbefinden gefragt wird. Er machte mir die Konsequenz deutlich, nämlich, dass es ihm nicht gut damit ging. Diese Konsequenz wollte ich auf keinen Fall haben.

Also musste ich etwas ändern. Ich fragte ihn nur noch 10-mal am Tag laut, wie es ihm geht. Die anderen 90mal machte ich das in meinem Kopf. Heute gibt es Tage, da frage ich ihn gar nicht mehr. Ich erkenne die Zeichen und bin sicherer geworden.

Ja, Monologisieren und ständiges Nachfragen nerven irgendwann jeden Menschen. Aber bitte haben Sie Verständnis für das autistische Kind. Es versucht in einer Situation klarzukommen, die es maßlos überfordert. Es wendet alle Strategien an, die ihm dienen, um trotz des Stresses in der Situation verbleiben zu können. Bitte lesen Sie zum Thema Aufklärung auch im Kapitel 3 nochmals meine Antworten durch. Mithilfe von Carol Gray sollten Sie gut in der Lage sein, den Kindern diese Verhaltensbesonderheiten so zu erklären, so dass sie sie verstehen und tolerieren können.

Aber es ist ebenso wichtig, dass Sie das autistische Kind über die Konsequenzen seines Verhaltens aufklären. Beginnen Sie immer damit, ihm zu versichern, dass Sie verstehen, warum es dies tut. Erklären Sie ihm, wie es den anderen Kindern geht und warum das so ist. Besprechen Sie sich zudem mit Ihren Kolleg: innen. Wie ist es bei ihnen? Vielleicht finden Sie auf diese Weise heraus, warum das Kind monologisiert und/oder ständig nachfragt. Beziehen Sie die Eltern und alle anderen Bezugspersonen mit ein. Im Moment haben Sie eine Situation, die Sie und die anderen Kinder jedoch zu belasten beginnt. Lassen Sie kein Problem daraus werden. Schauen Sie gemeinsam mit dem Kind, welche Stressoren in der Situation da sind.

Fragen , die Sie stellen sollten:

Was stresst dich?
Können wir einiges davon beseitigen?
Welche anderen Strategien hast du?
Was brauchst du, um dich sicherer in Interaktion und
Kommunikation mit den anderen Kindern zu fühlen?

Welche Hilfsmittel?

Wie ist es zuhause?

Was hilft dort?

Kann dies auf KiTa oder Schule übertragen werden?

Hat das Kind eine Assistenz oder Schulbegleitung, sollte diese hier unbedingt aktiv werden und das Kind entsprechend anleiten. Auch ein Kontakt zu einem Autismus-Therapie-Zentrum kann in diesem Fall hilfreich sein. Dort wird oft ein passendes Sozialtraining angeboten. Das Kind kann in sicherer Umgebung Situationen durchspielen. Ihm kann aufgezeigt werden, was die Konsequenzen seines Verhaltens sind. Es kann lernen bessere Entscheidung treffen und Konsequenz seines Handelns einzuschätzen. Ziele können gemeinsam erarbeitet und festgelegt werden. Danach wird geübt. Anfangs mag das dann sehr mechanisch rüberkommen, aber Übung macht den Meister!

Mein Beispiel: Ich musste lernen, dass ein Monolog nicht unbedingt die beste Art und Weise ist, ein Gespräch zu führen. Ich habe mir vom Fernsehen abgeschaut, wie man ein Gespräch führt, in dem ich das, was ich gesehen und für passend befunden hatte, eins zu eins auf meine Situation übertrug. Es war ein holpriger Weg, aber als ich merkte, dass sich die anderen Kinder immer wohler mit mir fühlten, spornte mich das unheimlich an.

Es fällt mir aber immer noch schwer, nicht in einen Monolog zu verfallen oder diesen rechtzeitig zu unterbrechen. Es geht mir besser, wenn ich rede und andere zuhören. Deshalb ist sowohl das Bücher schreiben als auch meine Tätigkeit als Referentin absolut ideal für mich. Ich bekomme Stress, wenn sich Veranstalter: innen nur nach der Möglichkeit einer Fragerunde am Ende eines Vortrages erkundigen. Das Umschalten von Monolog auf Gespräch kostet enorm viel Energie und die brauche ich später, denn der Tag ist nach meinem Vortrag noch lange nicht vorbei.

Mein Beispiel: Auch aus diesem Grund, kam es zur Idee und Umsetzung dieses Buches. All diese Fragen haben mir Menschen auf meinen Vorträgen gestellt. Auf diese Weise kann ich sie stressfrei und viel ausführlicher beantworten als in der Situation. So ist es für beide Seiten gut. Ich kann von Herzen monologisieren und Sie können das Buch jederzeit zuklappen und weglegen, wenn es Ihnen zu viel wird.

Warum redet das autistische Kind in meiner Gruppe Englisch, obwohl die Muttersprache Deutsch ist?

Kurzantwort: weil Englisch weiter weg von seinem Selbst ist und seine Selbstwahrnehmung nicht hochfährt und eventuell weniger Reaktionen auf eine englische Ansprache erfolgen

Lange Antwort: Diese ungewöhnliche Strategie in der Kommunikation autistischer Menschen ist mir nicht unbekannt. Ich wusste und spürte, dass Sprechen meine Selbstwahrnehmung extrem hochfährt. Lange Zeit hatte ich keine Strategie dafür, sondern verstummte irgendwann im Laufe das Tages. Das war für lange Zeit mein Schicksal. Der Zufall kam mir zur Hilfe.

Mein Beispiel: Als ich im Fernsehen einen französischen Kinderchor sah und hörte, hat mich die andere, fremde Sprache sofort fasziniert. Ich dachte, ich würde etwas Besonderes sein, wenn ich Französisch sprechen könnte. Zu meiner großen Freude fand ich in der Stadtbibliothek eine Schallplatte der *Les Poppies.* Ich sprach nur den Text der Lieder nach. Und ja, die Erwachsenen waren sofort beeindruckt. Da sie kein Wort Französisch verstanden, aber wie erwartet interpretierten, kamen sie schnell zu dem Schluss, dass ich tatsächlich Französisch konnte. Das im Alter von 4 Jahren in einer Kleinstadt in der DDR. Das war schon was. Sie fanden mich nicht mehr ganz so falsch und unmöglich. Aber das war nicht die wichtige Erkenntnis.

Vielmehr merkte ich, dass meine Selbstwahrnehmung nicht hoch-
fuhr, wenn ich *parlait francais*. Es war herrlich. Ich konnte verbal
bleiben, wenn ich eine Fremdsprache sprach. Der Nachteil war, dass
weder ich noch meine Umgebung kein Französisch konnte. Klasse
Idee, jedoch nicht umsetzbar. Aber später habe ich das mit Englisch
angewandt und meine Londoner Jahre waren wunderbar befreiend.
Noch heute wechsele ich ins Englische, wenn es in einem Gespräch
heikel wird und meine Selbstwahrnehmung hochfährt. An Ascheta-
gen spreche ich in der Öffentlichkeit ausschließlich Englisch. Da die
meisten Menschen sehr gut Englisch können, klappt das hervorragend.

Es kann durchaus sein, dass das autistische Kind in Ihrer
Gruppe oder Klasse Englisch spricht, um zu verhindern, dass seine
Selbstwahrnehmung zu hoch fährt und ihm die Möglichkeit der
Kommunikation nimmt. Es möchte kommunizieren. Sehen Sie es
bitte als ein Angebot des Kindes an Sie und die Umgebung. Es ver-
sucht, trotz aller Widrigkeiten eine Brücke zu Ihnen allen zu bauen.

Meine Tipps:
    Hören Sie genau zu!
    Ist es verständliches Englisch?
    Was passiert, wenn Sie Englisch sprechen?
    Reagiert das Kind adäquat darauf?
    Macht das, was das Kind sagt, Sinn?
    Passt es zu Kontext?
    Antwortet es auf Ihre deutschen Fragen?
    Macht die Antwort Sinn?

Das war bei mir in meiner Französisch Phase ja nicht der Fall.
Ich habe ständig davon erzählt, dass ich *Isabelle liebe* und *sie heira-
ten will*. Spricht das Kind wirklich Englisch, wäre es wichtig herauszufinden, wo und wie das Kind sich die Sprache angeeignet hat. Vielleicht kann es auf diese Weise noch manch andere Fähigkeit

erwerben. Falls Sie kein Englisch können, ist jetzt der richtige Zeitpunkt für einen Volkshochschul-Kurs. Und was für ein Glück Sie haben! Es hätte auch Mandarin, Koreanisch oder Isländisch sein können. Gegen diese Sprachen ist Englisch ein Klacks.

Welche Besonderheiten muss ich in der Kommunikation beachten?

Kurzantwort: wortwörtlich nehmen, Mimik & Gestik, Sprichwörter & Redewendung, Witze & Humor, Sarkasmus & Ironie

Lange Antwort: Es wird schwierig werden, wenn nicht gar fast unmöglich, auf alle die oben genannten Sprachverständnis-*Stolpersteine* in Ihrer Alltagssprache zu achten. Sie sprechen unterbewusst, weil „Deutsch sprechen" als ein gut funktionierendes Programm in Ihrem Unterbewusstsein abgespeichert ist. Bewusst sprechen Sie zum Beispiel dann, wenn Sie eine Fremdsprache (Englisch?) erlernen. Denken Sie bei Englisch an das *th*, das Ihnen deshalb wie ein Sprachfehler erscheint, weil Ihr Sprachprogramm Deutsch heißt. Wir alle mussten in unserer Schulzeit mindestens eine Fremdsprache lernen. Das war alles andere als einfach, oder? Es war anstrengend, weil wir alles bewusst machen mussten. Bewusstes Denken ist nicht nur langsamer als unterbewusstes Denken, sondern verbraucht viel mehr Energie. Da ist man doch froh, wenn man sich auf sicher installierte Programme verlassen kann. Ich kann das selbst bei meiner Muttersprache Deutsch nicht. Alles ist immer bewusst. Es wird nicht einfach, in der Kommunikation mit autistischen Menschen vom unterbewussten Sprachoutput zum bewussten Sprechen zu wechseln. Aber es lohnt sich. Sie werden immer wieder Rückfälle haben. Das ist nicht schlimm, sondern menschlich.

Merke: Blickkontakt oder die direkte Ansprache mit dem Namen des Kindes kann zu erhöhter Selbstwahrnehmung führen und das Kind kann Ihnen vielleicht deshalb nicht antworten, obwohl es eben noch gesprochen hat.

Ich möchte Sie bitten, sich in der Kommunikation mit autistischen Menschen immer wieder bewusst zu machen, das diese unterschiedliche Schwierigkeiten beim Sprachverständnis haben. Ich hoffe, ich kann Ihnen dies an meinen eigenen Beispielen verdeutlichen. Mein Sprachoutput ist gut, sonst hätten Sie dieses Buch schon lange zur Seite gelegt. Warum ist mein Sprachverständnis gering?

Wortwörtlich nehmen
Mimik & Gestik
Sprichwörter & Redewendung
Witze & Humor
Sarkasmus & Ironie

Sprache besteht aus Worten, aber um den Sinn des Gesagten zu erfassen, muss man mehr als nur die Worte einer Aussage verstehen. Die erste Schwierigkeit in der Kommunikation mit autistischen Menschen ist das *wortwörtlich nehmen*, ohne zu wissen und zu verstehen, dass ein wichtiger Anteil der Nachricht ganz anders übertragen wird. Sprache wird verschlüsselt und muss wieder entschlüsselt werden. Genau das fällt mir und anderen Autist: innen schwer.

Merke: Bis zu 70% von dem, was ein Mensch einem anderen verbal mitteilen möchte, wird über Mimik und Gestik vermittelt.

Vielen Autist: innen fällt es zum einen schwer die Mimik ihrer Mitmenschen zu verstehen. Zum anderen schaffen sie es häufig nicht, Blickkontakt herzustellen. Damit geht ein Großteil der Information verloren. Machen Sie sich dies unbedingt bewusst, wenn Sie Informationen an autistische Menschen übermitteln wollen. Vielen

Autist: innen hilft einfache und leichte Sprache. Elijah profitiert enorm von kurzen einfachen Sätzen. Das Gesagte drückt oft nicht das aus, was gemeint wird. Versuchen Sie bitte auf Sprichwörter und Redewendungen zu verzichten, da diese oft nicht verstanden werden.

Mein Beispiel: Sagte jemand *„Ich steh auf dem Schlauch"*, schaute ich nach unten und sagte *„Nein, tust du nicht."*. Die meisten Kinder fanden das witzig, viele Erwachsene eher nicht. Auf die Frage, ob dies meine *Pudelmütze* sei, antwortete ich, dass wir gar keinen Hund haben. Ich hatte zudem noch nie einen Pudel mit einer Mütze gesehen. (Heute ist das anders: Hunde tragen alles Mögliche!) Im Verlauf meiner KiTa Zeit bekam ich mehr und mehr das Gefühl, dass mir ziemlich viel Wissen fehlte. Ich fragte meine Mutter, wo die anderen Kinder all diese Dinge lernen. Ich glaubte wirklich, dass sie nach der KiTa noch irgendwo anders hingingen. An einen Ort, wo ihnen all die Sachen beigebracht wurden, die ich nicht wusste. Nur deshalb ließ ich mich auf die Christenlehre ein, zu der mich meine gläubige Großmutter angemeldet hatte. Schnell wurde klar, dass die mir nicht weiterhelfen würde. Ich wurde schon nach 15 Minuten vor die Tür gesetzt. Wir sollten Gott malen und ich teilte dem Pfarrer mit, dass die bildliche Darstellung Gottes verboten ist. Meine Großmutter *war am Boden zerstört*. Sie verstehen, was ich meine?

Wenn es denn passiert, und es wird passieren, dann erklären Sie unbedingt das Sprichwort oder die Redewendung, damit klar ist, was Sie meinen. Hier ist hilfreich zu wissen, inwieweit das autistische Kind Schwierigkeiten mit Redewendungen und Sprichwörtern hat. Sicher wird es diesen auch zuhause ausgesetzt sein.

Fragen, die Sie stellen sollten:

Wie kommunizieren die Eltern bzw. Bezugspersonen
mit dem Kind?
Gibt es eventuell Regeln, die sich auf Ihre Einrichtung
übertragen lassen?
Ist das Kind in der Lage, nachzufragen.?

Ich konnte dies nicht und musste mir den Sinn des Gesagten
irgendwie selber erschließen oder hinnehmen, dass ich vieles nicht
richtig verstand und mit den Konsequenzen leben. Oftmals ist mir
nicht richtig bewusst geworden, dass ich etwas nicht verstanden
habe und die Reaktionen meiner Umgebung haben mich sehr er-
staunt. Dies trug zum Teil zu meinem Rückzug aus sozialer Interaktion bei und verstärkte mein Monologisieren.

Witze & Humor können eine weitere Sprachverständnisbarri-
ere darstellen. Ich erkannte jedoch den Wert dieser kleinen humor-
vollen Geschichten. Sie konnten Brücken bauen und das wollte ich.
Ich wollte zu den anderen gehören. Also begann ich selbst Witze zu
erzählen. Ich schaute mir sowohl den Witz als auch die Erzählweise
von anderen ab. Spiegelte ihr Verhalten. Es war wunderbar. Ich bekam meinen Platz in der Gruppe.

Mein Beispiel: Es dauerte einige Zeit, bis ich begriff, dass *„Ich er-
zähle dir jetzt mal einen Witz."* bedeutete, dass man mir eine kleine
Geschichte erzählen würde, an deren Ende ich adäquat mit Schmun-
zeln, Lächeln oder Lachen reagieren musste. Die Ankündigung half
mir, mich darauf einzustellen, löste aber gleichzeitig Stress aus. Ich
wusste ja nicht, welche Reaktion ich zeigen musste, wenn der Witz
erzählt war. Waren noch andere Kinder dabei, so orientierte ich
mich an ihnen. War nur ich das Publikum, hatte ich ein Problem.
Lange Zeit konnte ich nicht gut damit umgehen. Dieser zusätzliche
Stress war permanent da, denn ich wusste nie, ob und wann mir

jemand einen Witz erzählen würde. Irgendwann jedoch fand ich die Lösung. Jedes Mal, wenn ich nicht wusste, ob der Witz ein *müder Lächler,* ein *Tränenlacher* oder ein *Schenkelklopfer* war, erwiderte ich: *„Den kenn ich schon.".* Das funktionierte hervorragend. Manchmal kannte ich alle 10 Witze, die ein anderes Kind mir erzählte. Irgendwann gaben die Kinder auf, mir Witze zu erzählen. Vielleicht hatte es sich herum gesprochen, dass ich alle Witze schon kenne. Ruhe kehrte ein und das war gut so.

Später wurde ich zum erfolgreichen Klassenclown und entdeckte eine Fähigkeit, die ich bis heute zum Brücken bauen nutze: Ich kann Menschen zum Lachen bringen. All die *Fettnäpfchen* (Können Sie die Herkunft der Redewendung erklären?), in die ich bis heute trete, konnte und kann ich nutzen, um Menschen zu erheitern. Lachen ist gesund. Ein Lachanfall baut Stresshormone ab und führt zu Entspannung und setzt Glückshormone frei.

Merke: Eine Minute Lachen soll ähnlich positiv auf uns wirken wie 10 Minuten Joggen. Was ist Ihnen lieber?

Die schlimmsten *Hürden* im Sprachverständnis waren und sind für mich *Sarkasmus und Ironie.* Ich verstehe den Sinn bis heute nicht richtig. Um zu erkennen, ob ein Mensch etwas wirklich so meint, wie er es sagt oder ob er sarkastisch oder ironisch ist, muss man die Intonation des Gesagten wahrnehmen und verstehen können. Das fällt mir, besonders bei Menschen, die mir nicht oder weniger vertraut sind, sehr schwer.

Merke: Bis zu 23% der Bedeutung des Gesagten wird über die Intonation vermittelt.

Aus vielen Situationen in meinem KiTa oder Schulalltag wurden deshalb schnell richtig große Probleme mit zum Teil heftigen Konsequenzen. Nicht nur Erzieher: innen und Lehrer: innen fühlten sich von mir *auf den Arm genommen* und *bloß gestellt*. Sie reagierten entsprechend darauf. Als Kind habe ich die vielen Reize, die ich bewusst wahrnahm, mit meinem Mono-Kanal-Wahrnehmen reduziert. Ich schaltete konsequent auf den visuellen Kanal. So konnte ich Gesagtes über Lippenlesen mitbekommen, ohne dem auditiven Stressoren ausgesetzt zu sein. Ich empfing nur die Informationen, die ich über das Sehen bekam. Alle anderen gingen verloren. Das ging nicht immer gut, aber es half mir besonders dabei, den KiTa und Schulalltag zu bewältigen.

Mein Beispiel: Im Unterricht kam es zu einer Situation, in der mich der Lehrer ansprach, während wir etwas aufschreiben sollten. Mit Blick nach unten auf Heft und Stift, ging diese (auditive) Information natürlich verloren. Mein Banknachbar machte mich darauf aufmerksam, dass der Lehrer mich angesprochen hatte. Als ich die Lippen des Lehrers wieder im Blick hatte und die auditive Wahrnehmung sich (langsam) wieder zuschaltete, bekam ich mit, was er sagte. *„Soll ich dir eine Einladung schicken?"* Ich war total verwirrt. Diesen Lehrer kannten wir noch nicht lange und ich wusste, das es ungewöhnlich war, dass Lehrer: innen ihre Schüler: innen einladen. Zu was auch? Um *aus der Nummer herauszukommen*, bot ich dem Lehrer an, mir *die Einladung jetzt gleich zu geben, dann könne er sich die Briefmarke sparen*. Das daraufhin einsetzende große Gelächter zeigte mir vor allem eines: Das war definitiv die falsche Antwort. Bevor sich der Lehrer äußern konnte, flüsterte mir mein Banknachbar ins Ohr, dass ich an die Tafel gehen soll. Auch das noch. Die Situation begann mich zu überfordern, aber ich tat, was er sagte. An der Tafel löste ich die Aufgabe und dies erhellte die Miene des Lehrers. Ich wusste, dass ich wieder auf meinen Platz zu gehen hatte und hätte dies tun sollen. Allerdings *stand da diese Einladung noch im Raum*. Von meiner Oma hörte ich oft genug den Spruch: *„Was du heute kannst besorgen, das verschiebe nicht auf morgen"*, weshalb ich auf die Einladung zurückkam. Ich teilte meinem Lehrer höflich mit, dass ich mich sehr über die Einladung freue, aber am

Wochenende würde es auf keinen Fall klappen. Wieder lautes Gelächter meiner Mitschüler: innen. Ich wusste, ich hatte es vermasselt, aber mir war nicht klar, warum. Ich wurde ohne weiteren Kommentar ins Direktorenzimmer geschickt, wo ich *Stammgast* war. Der Direktor hörte sich meine Geschichten an und konnte jedes Mal herzlich darüber lachen. Es bestärkte mich in der Annahme, dass nur der Lehrer ein Problem hatte, alle anderen hatten gelacht. Es ging ihnen gut.

Für mich wäre es besser gewesen, wenn irgendjemand mir erklärt hätte, was da jedes Mal passierte und warum. Ich hatte keine Ahnung, dass ich ständig auf sarkastische oder ironische Bemerkungen *hereinfiel*. Mein Versuch, diese Situationen so höflich wie möglich zu meistern, endete damit, dass viele Lehrer: innen mich als unhöflich, arrogant, unerzogen, besserwisserisch und auch asozial wahrnahmen und mich entsprechend behandelten. Ich fühlte mich einmal mehr als Versager und nahm mich immer mehr aus dem Geschehen raus. Daraufhin wurden mir Desinteresse und Lustlosigkeit unterstellt. Nichts, was ich tat, schien zu funktionieren. Irgendwann war ich so fertig, dass ich, total erschöpft, den Schulalltag nicht mehr bewältigen konnte. Ärzte suchten nach einer Ursache, aber fanden nichts. Physisch war ich gesund. Also ging es nach drei Wochen „Erholung" zuhause wieder neu los.

Mir war nun bewusst, dass ich ein Außenseiter war und meine Selbstwahrnehmung war ständig viel zu hoch, um soziale Interaktionen wirklich meistern zu können. Lesen Sie bitte unbedingt nochmals meine Antworten zu Frage 2 in diesem Kapitel und alles zur Selbstwahrnehmung, was Sie in diesem oder meinen anderen Büchern finden können.

Ein Test: Hören Sie gern Ihre eigene Stimme? Nehmen Sie Ihre Stimme doch mal auf und hören Sie sie sich an. Gefällt Sie Ihnen? Wie fühlt sich das an? Steigt Ihre Selbstwahrnehmung ein kleines bisschen an?

Sprache erhöht Selbstwahrnehmung, auch die eigene Stimme hören kann zu Selbstkonfrontation führen. Dennoch sagen Sie sich bitte immer wieder laut, dass Sie Ihre Sache ganz wunderbar machen und dass Sie so gut sind, wie Sie sind. Danke!

Raum für Notizen, Gedanken und Fragen:

Nachwort

Ich möchte mich an dieser Stelle bei all meinen Zuhörer: innen bedanken. Mein Dank gilt besonders denjenigen, die sich getraut haben diese und viele weitere Fragen zu stellen.
Ihre Frage ist nicht dabei?

Mein Tipp:
      Schreiben Sie mir über www. bareface.jimdofree.com

Mit etwas Glück finden Sie im nächsten Fragebuch zu Autismus in KiTa und Schule eine ausführliche Antwort auf Ihre Frage.

Die Rechtschreib- und Orthografiefehler, die Sie in diesem Buch finden, sollen dazu dienen, Ihre Wahrnehmung und Ihr Denken immer wieder auf den bewussten Level zu holen. Ich hoffe, es hat geklappt.

Alle Zitate am Kapitelanfang sind aus
Saint-Exupéry, Antoine de. Der Kleine Prinz.
Übersetzt von Grete und Josef Leitgeb, Karl Rauch Verlag, 2012.
Original erschienen 1943.

Das meiner Wahrnehmung nach beste Autismus-Buch, dass es gibt.

Eventuell helfen Ihnen meine anderen Bücher weiter. Auf den folgenden Seiten finden Sie kurze Beschreibungen zu den einzelnen Büchern und die ISBN-Nummern.

Ich danke Ihnen und verbleibe mit besten Grüßen
Ihre Gee Vero

(M)ein autistisches Kind kommt in die Kita

Ratgeber für Eltern und pädagogische Fachkräfte

2023 Lambertus Verlag 192 Seiten Taschenbuch 29,00 € ISBN 978-3784135144

Die Autorin schildert ihre eigenen Erfahrungen als Autistin und als Mutter eines autistischen Sohnes. Leicht zugänglich, unterhaltsam und praxisnah regt sie pädagogische Fachkräfte und Eltern autistischer Kinder zur Auseinandersetzung mit bisherigen Haltungen und Umgangsformen mit autistischen Menschen an. Ausgehend von autobiographischem Material befasst sie sich fundiert mit dem Thema Autismus und Kita und gibt leicht umsetzbare und kreative Praxistipps, um diese Autismus freundlich zu gestalten. Das Buch bietet eine Fülle von Beispielen, Tipps und Strategien für eine ‚best practice' und ist damit eine Fundgrube für hilfreiche Ideen und umsetzbare Strategien.

Das andere Kind in der Schule

Autismus im Klassenzimmer

2020 Kohlhammer Verlag 270 Seiten Taschenbuch 28,00 € ISBN 978-3170347014

Gee Vero zeigt in diesem authentischen Mutmach-Buch, wie eine erfolgreiche Beschulung autistischer Kinder gelingen kann. Sie berichtet von ihrer eigenen Schulzeit als Asperger-Autistin sowie auch aus dem Schulalltag ihres Sohnes, der mit seinem frühkindlichen Autismus eine Schule für geistige Entwicklung besuchte. Die Andersartigkeit autistischer Kinder in sozialer Interaktion und Kommunikation wird erklärt, Strategien zur Bewältigung des Schulalltages mit autistischen Kindern werden erläutert und realisierbare Wege zur inklusiven Schule aufgezeigt. Die Autorin stellt zahlreiche Checklisten und Anregungen zur Verfügung und erklärt sich, ihren Autismus und den Autismus ihres Sohnes mit großer Offenheit. Das Buch hilft sowohl Lehrkräften als auch all jenen, die autistischen Kindern im Kontext Schule begegnen, sich besser in das "andere Kind" in der Klasse hineinzuversetzen.

Autismus – (m)eine andere Wahrnehmung

zweite überarbeitete und ergänzte Auflage 2023
Books on Demand BoD, 211 Seiten Taschenbuch 11,90€
ISBN 9783757886547

Autismus ist in aller Munde. Allein in Deutschland leben ca. 800.000 autistische Menschen. Dennoch mangelt es an Unterstützung, Hilfsmitteln, adäquaten Lebens-, Wohn- und Arbeitsbedingungen. Vor allem aber fehlt die Akzeptanz für das Anderssein.

Dieses Buch ist sowohl für Eltern und Angehörige autistischer Menschen als auch für heilpädagogische und pädagogische Fachkräfte, Therapeut: innen, Schulbegleiter: innen, Betreuer: innen und alle Menschen interessant und hilfreich, die autistischen Menschen in ihrem Lebens- und Arbeitsalltag unterstützend zur Seite stehen wollen. Gee Vero erklärt auf sehr anschauliche Weise sowohl ihren eigenen Asperger-Autismus als auch den frühkindlichen Autismus ihres Sohnes Elijah.

Das Buch beleuchtet die Entstehung des anderen Verhaltens autistischer Menschen und bietet zudem einen Einblick in die zahlreichen Strategien, die von der Autorin und ihrem Sohn entwickelt wurden. Nach der Lektüre werden Sie sich der Herausforderung des Mitmensch-Seins mit autistischen Menschen stellen können. Sie werden ein tieferes Verständnis für autistische Menschen haben, welches Ihnen ermöglicht, die Welt, die wir uns alle teilen, jedoch auf ganz unterschiedliche Weisen wahrnehmen, zu schätzen und inklusiver zu gestalten. Durch das Verständnis für Autismus wird Toleranz gefördert und schließlich die dringend benötigte Akzeptanz für autistische Menschen geschaffen.

Meine Brücke zu dir

Menschen inner- und außerhalb des autistischen Spektrums
im Dialog
mit Melanie Matzies-Köhler, freiberufliche Psychologin und
Autismus-Beraterin
2016 Kohlhammer Verlag 247 Seiten Taschenbuch 29,00 €
ISBN 9783170305991

Die Künstlerin Gee Vero und die Psychologin Melanie Matzies-Köhler treten in diesem Werk in einen Dialog in Briefform. Darin lernen
sie sich und ihre divergierenden Wahrnehmungswelten kennen und
am Ende hat sich nicht nur eine tragfähige Brücke des wechselseiti-
gen Verständnisses, sondern auch eine Freundschaft entwickelt. Die
nicht autistische Psychologin Matzies-Köhler befragt die autistische
Künstlerin Gee Vero über deren Wahrnehmung, Stolpersteine im
Alltag, Sicht auf Leben und Sterben, Freundschaft und viele weitere
Themen, welche diese mit einer großen Offenheit beantwortet.
Matzies-Köhler stellt sich den Fragen von Gee Vero auf ebensolche
Weise und versucht, ihre nicht autistische Weltsicht, deren Verhal-
tenskonventionen und Regeln zu erklären.

meine Buchempfehlung für KiTas und Grundschulen:

Das kleine ABC Ausmalbuch von Alex Berlin
64 Seiten, kartoniert, Bod 2024 ISBN 9783758313561

Alex Berlin liebt Reime und Gedichte, erzählt gern Geschichten und malt, wann immer es geht.

Das kleine ABC Ausmalbuch lädt Kinder ab 4 Jahren zu einer Entdeckungsreise in die Welt der Buchstaben ein. Auf jeder Doppelseite wird ein Buchstabe mit einem lustigen Reim vorgestellt. Da sich Reime gut und schnell merken lassen, sind sie wunderbar für die Entwicklung von Wortschatz und Sprachgefühl geeignet und somit auch eine wichtige Voraussetzung für das Lesen und Schreiben lernen. Durch das rhythmische Sprechen der lustigen ABC Verse kommen nicht nur jede Menge Spaß, sondern auch viel frische Luft ins System. Reime und Gedichte sind stabile Geländer, an denen sich auch unsichere Kinder bei ihren ersten sprachlichen Schritten gut festhalten können.
Außerdem bietet das Buch die Möglichkeit selbst kreativ zu werden, denn es warten zahlreiche Bilder darauf ausgemalt oder gestaltet zu werden.
Das kleine ABC Ausmalbuch soll kleinen Leser: innen Spaß machen und Freude am Lesen wecken.

Die Autorin

Gee Vero wurde 1971 in der DDR geboren. Sie studierte Anglistik und Amerikanistik an der Universität Leipzig, bevor sie 1992 nach London ging. Seit 1993 ist sie als freischaffende Künstlerin aktiv. 2001 kehrte sie zurück nach Deutschland. Im Alter von 38 Jahren bekam sie die Diagnose Asperger-Syndrom und begann sich intensiv mit ihrem Autismus auseinanderzusetzen. Ihr Sohn Elijah wurde 2004 geboren und drei Jahre später mit frühkindlichem Autismus diagnostiziert. Gee Vero arbeitete einige Jahre lang sowohl als Honorarmitarbeiterin als auch ehrenamtlich in der Autismusambulanz Leipzig. Seit 2013 ist sie freischaffend als Autorin und Referentin in Sachen Autismus tätig. Seit 2023 bietet sie auch online-Beratungen an.

Die Künstlerin

Art of Inclusion – Kunstprojekt, Workshops und Ausstellungen
Kunst ist in der Lage, Inklusion auf allen Ebenen unmittelbar sichtbar zu machen. 2010 begann Gee Vero ihr Kunstprojekt **The ART of INCLUSION**. Es ist ihr Angebot als autistische Künstlerin an die Gesellschaft, sich der Herausforderung des Mitmensch-Seins mit autistischen Menschen zustellen. Es ist eine Einladung an einem Gemeinschaftswerk teilzuhaben und sich aufeinander einzulassen. Persönlichkeiten aus Kultur, Politik und Wissenschaft wurden und werden eingeladen, gemeinsam mit der Künstlerin der Inklusion, einen Schritt entgegenzugehen. Udo Lindenberg hat´s als Erster getan. Angela Merkel und Sir Ben Kingsley sind dabei. Jogi Löw und Roger Willemsen genauso wie Cornelia Funke. Michael Schumacher hat dafür einen Boxenstopp eingelegt und Matthias Steiner die Hanteln zu Seite gepackt. Sie alle und 90 weitere Persönlichkeiten aus Kultur, Politik und Wissenschaft sind ein Teil von The Art of Inclusion geworden.

Ein Blatt Aquarellpapier wird zum Ort der Begegnung. Zwei Bilder werden ein Gemeinsames. Die unterschiedlichen Ergebnisse zeigen, wovon die Gesellschaft leider noch immer weit entfernt, ist: Toleranz, Akzeptanz und Inklusion autistischer Menschen ist keine Illusion. Mittlerweile wird das Projekt gern von Schulen und Einrichtungen genutzt, um Menschen jeden Alters zum Thema Inklusion und Akzeptanz zu sensibilisieren. Gee Vero macht Workshops zum Thema Kunst und Autismus und The Art of Inclusion und sucht immer nach Ausstellungsmöglichkeiten für die bisher entstanden Bilder.

Infos und Kontaktmöglichkeit
für Beratungen, Fortbildungen, Vorträge, Lesungen und Kunstworkshops und Ausstellungen:
www.bareface.jimdofree.com

Für alle die, die zuerst die letzte Seite eines Buches aufschlagen:

Meine Tipps für Erzieher: innen, Lehrer: innen und alle, die autistischen Menschen gut begegnen, sie betreuen, unterrichten und begleiten möchten:

1. Lernen Sie jeden autistischen Menschen gut kennen.
2. Klären Sie die gesamte Umgebung über diesen Menschen und seinen Autismus auf.
3. Beziehen Sie die Eltern und alle anderen Bezugspersonen ein.
4. Machen Sie regelmäßig Wahrnehmungschecks und suchen Sie aktiv nach Stressoren.
5. Erkennen Sie die Hilfsmittel des autistischen Menschen an.
6. Akzeptieren Sie den autistischen Menschen und seine andere Art des Seins.
7. Lesen Sie dieses Buch ab Seite 1.

Vielen Dank!